D1395796

Poissons d'aquarium

• MARABOUT •

Sommaire

Les familles de poissons

Portraits de poissons

Aquariums biotopes

Annexes

Les familles
de poissons

Un très grand nombre d'espèces de poissons
peuvent aujourd'hui être élevées en aquarium.
Le chapitre qui suit vous aide à trouver
à quelle famille appartient chaque espèce
et ce qui distingue les différentes familles
les unes des autres.

Pastenagues d'eau douce
Potamotrygonidae

Généralités : Une trentaine d'espèces vivent dans les grands fleuves tropicaux d'Amérique du Sud. Sur les autres continents, on trouve des raies d'eau douce d'autres familles, mais elles comportent peu d'espèces et sont rarement importées. À l'exception d'une espèce, les pastenagues atteignent toutes au moins 60 cm et ne peuvent donc être élevées que dans de très grands bacs.
Biologie : Les raies d'eau douce sud-américaines sont vivipares et mettent au monde des alevins développés après une longue gestation.
Particularités : Toutes les espèces portent un dangereux aiguillon au bout d'une queue en forme de fouet avec lequel elles peuvent infliger de graves blessures à leurs ennemis – ne jamais plonger la main nue dans un bac de raies !

Polyptéridés
Polypteridae

Généralités : La douzaine d'espèces connues vit dans les petites et grandes étendues d'eau d'Afrique.
Biologie : Les polyptéridés ne prodiguent aucun soin à leur couvée. Les alevins portent, comme les têtards, des branchies externes en bouquets plumeux derrière la tête qui disparaissent par la suite.
Particularités : Ils peuvent survivre dans les marécages à l'eau très chaude et peu oxygénée car ils peuvent respirer l'oxygène de l'air lorsque l'eau n'en contient pas suffisamment, c'est sans doute cette propriété plus que toute autre qui leur a permis de survivre en Afrique depuis l'époque des sauriens, tels des « fossiles vivants ».

Ostéoglossiformes
Osteoglossiformes

Généralités : Ils comptent plusieurs familles de poissons très anciennes géologiquement : les ostéoglossidés

Ce gros *Polypterus ornatipinnis* a senti la nourriture.

Les poissons-éléphants, des « chauves-souris » sous-marines

Ils sont classés dans l'ordre des ostéoglossiformes. Les poissons-éléphants peuvent «s'entretenir» au moyen de faibles décharges électriques ou explorer les environs, même la nuit ou en eau trouble – de la même manière que les chauves-souris se repèrent à l'aide d'ultrasons. Le plus grand poisson dulçaquicole (d'eau douce) de la planète, la païche ou pirarucu, *Arapaima gigas*, fait lui aussi partie de la famille des ostéoglossidés.

(Osteoglossidae), les poissons-couteaux *(Notopteridae)*, les poissons-papillons *(Pantodontidae)* et les poissons-éléphants *(Mormyridae)*. À part les poissons-éléphants qui comptent près de 200 espèces, les autres familles n'excèdent pas quelques rares espèces (→ encadré ci-dessus).

Répartition : Les poissons-papillons et les poissons-éléphants ne se trouvent qu'en Afrique, les poissons-couteaux vivent en Afrique et en Asie et les ostéoglossidés sont présents sur tous les continents.

Biologie : Quelques espèces prennent soin de leur couvée, mais beaucoup de poissons-éléphants et de poissons-papillons ne se soucient pas le moins du monde de leur progéniture.

> Les mâles des poissons-couteaux américains peuvent atteindre 50 cm de long.

Anguilles électriques
Gymnotiformes

Généralités : Plus d'une centaine d'espèces, classées notamment dans les familles *Eigenmanniidae* et *Apteronotidae*, vivent en Amérique du Sud et une seule en Amérique centrale.
Biologie : La plupart des espèces se nourrissent exclusivement de larves d'insectes qu'elles trouvent dans des milieux très divers. Les anguilles électriques ne prennent presque jamais soin de leur couvée.
Particularités : Comme les poissons-éléphants, les anguilles électriques peuvent produire, à l'aide d'organes spécifiques, des décharges électriques pour communiquer et se repérer.

Silures
Siluriformes

Généralités : Avec plus de 2 000 espèces, les silures constituent un ordre très

Un bébé panaque royal
(Panaque nigrolineatus)

riche, dont les représentants comptent de nombreuses familles sur tous les continents (→ encadré ci-dessous). Les plus importantes en aquariophilie sont les plecos *(Loricariidae)* d'Amérique du Sud et les callichthyidés. Les mochocidés ou poissons-chats nettoyeurs *(Mochokidae)* d'Afrique sont eux aussi très appréciés. Outre ces familles représentées par de nombreuses espèces en aquariophilie, quelques espèces des familles suivantes sont aussi très courantes : machoirons *(Ariidae)*, ancistrus *(Pimelodidae)*, banjos *(Aspredinidae)*, silures épineux *(Doradidae)*, silures *(Siluridae)*, schilbes ou silures de verre *(Schilbeidae)*, silures à grande bouche ou silures crapauds *(Chacidae)* et silures-requins *(Pangasidae)*.

Biologie : La plupart des espèces mènent une existence proche du sol. Elles ont des écologies très différentes, de sorte qu'elles peuvent vivre dans presque tous les espaces vitaux et acceptent presque tous les types d'aliments. Les mâles de nombreuses espèces prennent soin de la couvée, notamment la plupart des

---

EN SAVOIR PLUS

Les silures, des poissons souvent idéaux en société

Les silures comprennent, avec les corydoras, à la fois les plus drôles des poissons et certains des plus étranges, comme les silures-esturgeons. Ils sont souvent des compagnons idéaux pour les habitants des eaux libres car ils se fixent dans des niches au fond de l'aquarium ou des cachettes que n'occupent pas les autres poissons. Ils peuvent néanmoins être difficiles à socialiser avec des cichlidés lorsque les exigences territoriales de ces derniers s'étendent au bac tout entier.

plecos mâles, mais d'autres cessent de se soucier des œufs après la ponte.

Cichlidés
Cichlidae

Généralités : Avec plus de 2 000 espèces, la famille des cichlidés est la plus grande famille de poissons d'eau douce, présente en Amérique du Sud et en Afrique, ainsi qu'en Asie avec très peu d'espèces. Les seuls lacs Malawi, Tanganyika et Victoria d'Afrique orientale en abritent chacun plusieurs centaines d'espèces qu'on ne trouve nulle part ailleurs.
Biologie : Toutes les espèces assurent des soins à la couvée intensifs, mais ce sont parfois les deux parents qui s'occupent des petits, et parfois un seul. De même,

on les distingue par le type et l'endroit des soins : les incubateurs buccaux couvent les œufs et/ou les larves dans leur bouche pendant plusieurs semaines, tandis que les pondeurs sur substrat déposent leur frai sur un support approprié (pondeurs sur substrat découvert) ou dans une cachette (pondeurs sur substrat caché) (→ encadré ci-dessus).

Les poissons-diables prennent leurs petits dans leur bouche en cas de danger.

Goujons
Gobioidei

Généralités : Il existe environ 2000 espèces de goujons, dont la plupart sont des poissons de mer. Ils peuplent les mers, ainsi que les eaux douces et

Ce dormeur à queue ocellée
surveille sa ponte collée
à une pierre.

saumâtres, de tous les continents. Les goujons les plus importants en aquariophilie appartiennent aux familles des gobies (*Gobiidae*) et des dormeurs (*Eleotridae*).

Biologie : La plupart des espèces vivent à proximité du sol et se nourrissent de divers petits animaux. Au moment du frai, les mâles occupent des repaires et prennent soin de la couvée que les femelles pondent dans une cachette.

Monodactylidés
Monodactylidae

Généralités : Cette famille compte moins de 10 espèces perciformes (de la même

Les poissons-archers
sont souvent difficiles
à identifier.

Les poissons-lune argentés
ont absolument besoin d'eau
saumâtre à long terme.

surface de l'eau. Ils sont
connus pour leur technique
de chasse au jet d'eau avec
lequel ils visent les insectes
posés au-dessus de l'eau,
p. ex. sur un brin d'herbe.
Ils ne prennent aucun soin
de leur couvée.

forme que la perche)
qui vivent dans l'eau salée
ou saumâtre, et
exceptionnellement dans
l'eau douce. Elles sont très
répandues dans les mers
tropicales.
Biologie : Les monodactylidés
sont des poissons rapaces
qui vivent en groupe et ne
prennent aucun soin de leur
couvée.

Poissons-archers
Toxotidae

Généralités : Cette famille
perciforme vit sous les
tropiques et ses membres
sont spécialisés dans l'eau
saumâtre ; seules quelques
espèces vivent en permanence
dans l'eau douce.
Biologie : Les archers
chassent les petits poissons
et les insectes sur et sous la

Argus
Scatophagidae

Généralités : Cette famille ne
compte que peu d'espèces
perciformes qui peuplent les
eaux saumâtres des mers
tropicales.

Les poissons-feuilles imitent à la perfection une feuille morte.

Biologie : Les argus sont très sociables, ils pondent leurs œufs en pleine eau, les laissent flotter librement et ne donnent aucun soin à la couvée. Ils vivent en groupe.

Nandidés

Nandidae
Généralités : Les quelques espèces de cette famille de poissons perciformes, très ancienne géologiquement, vivent en Amérique du Sud, en Afrique et en Asie.

Biologie : Quelques espèces, dont le poisson-feuille, prennent soin de leur couvée : les mâles surveillent avec attention les œufs et les larves jusqu'à ce qu'elles puissent nager librement. Toutes les espèces sont des prédateurs auxquels leur camouflage de feuille permet de s'approcher furtivement de leurs proies pour les aspirer d'un seul coup dans leur bouche télescopique.

13

> Une perche de verre mâle
> a endossé sa robe de noces.

Datnioididae
Datnioididae

Généralités : Les quelques espèces qui vivent dans les eaux saumâtres et les fleuves d'Australie sont des poissons d'aquarium très appréciés en Asie.

Biologie : Avec leur robe rayée, ils sont parfaitement camouflés dans les branchages d'arbres tombés. On ne leur connaît pas de soins à la couvée.

Perches de verre
Ambassidae

Généralités : Parmi les quelques douzaines d'espèces de cette famille, toutes ne séduisent pas par leur aspect vitreux. La plupart vivent en bancs dans les eaux saumâtres ou les eaux côtières douces des mers tropicales, en dehors des périodes de frai pendant lesquelles les mâles prennent couleur et occupent des repaires. Aucun soin à la couvée.

La tête de serpent arc-en-ciel est une espèce qui ne grandit pas.

Perches bleues
Badidae

Généralités : Cette petite famille de poissons perciformes originaire du sud de l'Asie suscite l'admiration par ses couleurs somptueuses pendant la saison des amours.

Biologie : Les mâles de certaines espèces occupent de petites cavités dont ils font leur repaire avec plusieurs femelles pendant le frai. Ensuite, ils veillent sur les œufs et les larves jusqu'à ce qu'elles nagent librement.

Têtes de serpent
Channidae

Généralités : Plusieurs douzaines d'espèces peuplent les marécages et les petits cours d'eau d'Afrique et d'Asie.

Biologie : Un organe respiratoire spécifique, le labyrinthe, leur permet de respirer l'air de l'atmosphère (→ encadré ci-dessous).

Labyrinthidés
Anabantoidei

Généralités : Avec plus de 100 espèces, les membres de ce groupe de poissons d'Afrique et d'Asie font sensation en aquariophilie. Ils sont classés en différentes

familles : les barbus, macropodes, gouramis et combattants font partie de la famille des *Osphronemidae*, le gourami embrasseur forme une famille à lui seul (*Helostomatidae* → photo ci-dessous) et les cténopomas appartiennent à la famille des anabas, les poissons grimpeurs (*Anabantidae*).
Voir aussi l'encadré ci-contre.

Tétras
Characiformes

Généralités : Les près de 1 500 espèces de tétras sont classées en plusieurs familles dont la plupart vivent en Amérique du Sud et une petite partie en Afrique (→ encadré page 17).
On distingue les citharinidés *(Citharinidae)*, les poissons-hachettes *(Gasteropelecidae)*, les tétras africains *(Alestiidae)*, les anostomidés *(Anostomidae)*, les hémiodons

EN SAVOIR PLUS

Chez soi dans différents milieux
Les labyrinthidés, dont les mâles construisent des nids de bulles à la surface de l'eau (combattants, barbus), vivent pour la plupart dans des eaux calmes à la végétation riche. D'autres viennent cependant d'eaux courantes et pratiquent l'incubation buccale (quelques combattants et le gourami chocolat), tandis que les gouramis embrasseurs et les grands cténopomas ne donnent aucun soin à leur couvée.

(Hemiodontidae), les tétras et piranhas *(Characidae)* et les chalceus *(Lebiasinidae)*.

Cypriniformes
Cypriniformes

Généralités : Les quelque 2 000 espèces sont répandues dans le monde entier, sauf en Amérique du Sud et en Australie. Elles sont divisées en familles de poissons d'aspect très différent qui n'ont guère que leur parenté en commun. Les barbeaux et rasboras d'eaux libres, p. ex., appartiennent à la famille des

Les gouramis embrasseurs n'absorbent que de minuscules particules de nourriture.

Les poissons-crayons
se regroupent en banc
à la moindre inquiétude.

Cyprinidae, tandis que la plupart des espèces proches du sol sont classées dans la parenté de diverses familles proches des loches franches : loches franches et de rivière *(Balitoridae)*, *Cobitidae* et loches ventouses *(Gyrinocheilidae)*. L'empereur de Chine fait partie des cyprins sucets *(Catostomidae)*. À l'exception des rasboras, la plupart des cypriniformes pour aquarium vivent du sol dans lequel ils trouvent les petits organismes végétaux et animaux dont ils se nourrissent.

Les rasboras attrapent de petites crevettes et des insectes de pleine eau.

La plupart des espèces sont grégaires ou vivent en bancs

EN SAVOIR PLUS

Le mode de vie des tétras

La plupart des tétras sont de petits poissons qui vivent en bancs, habitent les types d'eau les plus divers et se nourrissent de petits organismes – on trouve parmi eux toute une série de spécialistes de certains aliments. À quelques exceptions près (piranhas, tétra-fléchette noir), les tétras ne prennent aucun soin de leur couvée. Ils peuvent être associés à des cichlidés nains, des silures ou d'autres tétras. La plupart des espèces doivent être élevées en petit groupe (6 poissons environ).

et ne prennent aucun soin de leur couvée. Certaines délimitent des territoires qu'elles défendent contre leurs concurrents.

Athérines
Atheriniformes

Généralités : Les athérines peuplent les eaux côtières du monde entier. Dans certaines régions, comme l'Australie ou Madagascar, des familles exclusivement dulçaquicoles se sont développées. Parmi les athérines les plus importantes en aquariophilie figurent les familles des bedotias *(Bedotiidae)*, des poissons-arcs-en-ciel *(Melanotaeniidae)* et arcs-en-ciel des Célèbes *(Telmatherinidae)* ou des blue-eyed *(Pseudomugilidae)*. **Biologie :** Presque toutes les espèces se nourrissent de petits animaux et vivent en bancs dans les ruisseaux et les lacs, les mâles adoptent parfois un comportement territorial provisoire pendant la saison des amours. Aucun soin à la couvée.

Demi-becs
Hemiramphidae

Généralités : Les principales espèces de demi-becs pour aquarium (150 environ) vivent presque toutes à proximité de la surface dans les ruisseaux, les eaux côtières et les lacs d'Asie du Sud-Est. Ils se nourrissent des insectes qui tombent à la surface de l'eau. Les mâles sont parfois très agressifs les uns envers les autres. La plupart des espèces sont vivipares et mettent au monde un petit nombre d'alevins.

Cyprinodontes
Cyprinodontiformes

Généralités : Ce groupe comprend beaucoup de poissons d'aquarium très appréciés. Très riche en espèces (plus de 1 000),

Les poissons-arcs-en-ciel déploient leurs couleurs les plus somptueuses sous le soleil du matin.

Les cyprinodontes, les rois de la débrouille
Les femelles des cyprinodontes vivipares sont fécondées de manière interne ; les mâles ont développé un organe spécifique à cet effet (le gonopode) par modification de leur nageoire anale. Les œufs de beaucoup de cyprinodontes ovipares survivent à l'assèchement de l'eau où ils sont pondus enterrés dans le sol tandis que les parents, eux, meurent et les alevins éclosent à la pluie suivante.

il est présent sur tous les continents, à l'exception de l'Australie. Il s'agit exclusivement de poissons de petite taille regroupés en familles très différentes. Les plus connus des cyprinodontes ovipares sont les killies de la famille des *Aplocheilidae*, dont font partie les nothobranches, aphyos et épiplatys. Les procatopus (ovipares) sont parfois aussi comptés parmi les killies, alors qu'ils sont en fait apparentés aux cyprinodontes vivipares de la famille des *Poeciliidae*. Les goodéidés *(Goodeidae)* d'Amérique centrale, également vivipares, forment une famille à eux seuls (→ encadré ci-dessus).

Achiridés
Achiridae

Généralités : Avec les soles, la famille des achiridés

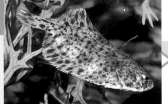

Les tétrodons peuvent se gonfler d'eau en cas de danger.

Les soles d'eau douce ont impérativement besoin d'un sol sablonneux.

(carrelets) fait partie du groupe des brèmes, dont la plupart des espèces vivent dans la mer ou l'eau saumâtre (→ encadré ci-contre). Il ne comprend que peu d'espèces d'eau douce qu'on voit rarement en aquariophilie.

Tétrodons
Tetraodontidae

Généralités : Les tétrodons ou poissons-ballons sont répandus dans presque toutes les mers du monde. Quelques espèces sont devenues exclusivement dulçaquicoles dans toutes les régions tropicales, sauf en Australie.
Biologie : La plupart des espèces sont des prédateurs très spécialisés, mangeurs d'escargots ou d'autres poissons qu'ils mordent solidement de leur dentition

en forme de bec. Quelques espèces prennent soin de leur couvée.

Aiguilles de mer
Syngnathidae

Généralités : La famille des aiguilles de mer (plus d'une centaine d'espèces) comprend aussi des aiguilles d'eau douce.
Biologie : Les aiguilles d'eau douce vivent dans le monde entier, dans les zones côtières

EN SAVOIR PLUS

Un camouflage parfait
La plupart des soles d'eau douce sont de petits prédateurs qui chassent les larves d'insectes ou les alevins. Comme tous les poissons plats, elles se sont «mises sur le côté» au cours de leur évolution : l'un des côtés du corps est pâle et aveugle, tandis que l'autre possède les deux yeux. Les achiridés passent leur existence dans le sable et la boue où ils sont parfaitement camouflés et ne prennent aucun soin de leur couvée.

Les anguilles épineuses
à ocelle sont des poissons
curieux qui ont besoin
de cachettes.

des ruisseaux et des fleuves où elles se nourrissent de petits animaux et d'alevins. Les œufs sont transférés par les femelles dans les poches incubatrices des mâles où ils sont couvés.

Anguilles épineuses

Mastacembelidae

Généralités : Les anguilles épineuses (une centaine d'espèces) sont répandues en Asie et en Afrique et sont des prédateurs d'insectes ou de poissons. Elles vivent sur le sol.

Biologie : La plupart des anguilles épineuses sont nocturnes et aiment s'enterrer dans le sol. Certaines espèces creusent même de véritables galeries d'habitation. Une espèce au moins prend soin de sa couvée, mais on en sait encore extrêmement peu sur leur comportement reproductif.

Portraits de poissons

Les 300 espèces de poissons d'ornement les plus appréciées pour aquariums d'eau douce sont ici classées par ordre alphabétique de leurs noms scientifiques et photographiées individuellement – avec leurs caractéristiques, conditions d'élevage et idées de socialisation.

Explication des fiches

Nom scientifique : chaque espèce animale ayant fait l'objet d'une description scientifique possède un nom latin écrit en *italique*. Il se compose de deux parties : la première est le nom du genre et prend une majuscule, la deuxième est le nom de l'espèce et s'écrit en minuscules.

Nom français : le nom français le plus courant.

« **Aussi** » : autres appellations françaises courantes ou appellation latine incorrecte souvent utilisée à tort.

Caractéristiques : longueur en centimètres des animaux adultes et indication des dimorphismes sexuels reconnaissables extérieurement chez les poissons adultes et sexuellement actifs.

Bac/eau :

➤ Bac : taille minimale de bac (longueur **x** largeur **x** hauteur) en centimètres pour les poissons adultes. Un bac plus petit suffit souvent pour les sujets plus jeunes, mais il vaut mieux prendre en compte dès l'achat la taille définitive que les animaux peuvent atteindre. Les poissons qui n'atteignent pas leur taille définitive en aquarium ne sont pas élevés dans le respect de leurs besoins, même si les aquariophiles sont encore nombreux à affirmer que les animaux adaptent leur taille à celle du bac – c'est parfois le cas, mais c'est la conséquence de mauvaises conditions de vie !

➤ Type d'eau : pour chaque espèce, un « type d'eau » chimique parmi 7 est indiqué dans lequel l'espèce peut être élevée. Les différents types d'eau sont définis par leur dureté carbonatée (TAC ou KH) et leur degré d'acidité (pH). Pour en savoir plus sur la signification, la mesure et l'adaptation des paramètres de l'eau, consulter la littérature spécialisée.

Les 7 types d'eau sont les suivants :
Type 1 : pH 4,5 > 6,5 ; TAC 0 > 5,35 (KH 0 > 3)
Type 2 : pH 5,5 > 6,8 ; TAC 5,35 > 14,3 (KH 3 > 8)
Type 3 : pH 6,8 > 7,5 ; TAC 5,35 > 14,3 (KH 3 > 8)
Type 4 : pH 6,8 > 7,5 ; TAC 14,3 > 28,5 (KH 8 > 16)
Type 5 : pH 7,2 > 8,5 ; TAC > 21,4 (KH > 12)
Type 6 : pH 8,0 > 9,5 ; TAC > 21,4 (KH > 12)
Type 7 : pH > 8 ; TAC > 21,4 (KH > 12) avec ajout de 2 à 3 cuillerées à café de sel marin par 10 l d'eau.

> Avec 12 cm, le corydora-
chabraque est le plus grand
des corydoras.

Élevage : conseils de soins pour un élevage en aquarium adapté aux besoins du poisson, caractère et sociabilité de l'espèce, conseils d'aménagement de l'aquarium et d'alimentation.

Mode de vie : informations sur le milieu naturel de l'espèce, sa répartition, son alimentation dans la nature et son comportement.

Socialisation : exemples d'autres espèces auxquelles le poisson peut être associé. Pour d'autres socialisations que celles proposées, veiller à harmoniser le tempérament et les conditions d'entretien des poissons.

Espèces proches : espèces apparentées nécessitant des soins similaires avec leurs tailles définitives (susceptibles d'exiger une autre taille de bac).

Symboles colorés : le nombre de litres est calculé approximativement à partir de la taille de bac conseillée. Le poisson rouge ⬤ indique des conditions d'élevage particulières.

Abramites hypselonotus Abramite microcéphale

Aussi : Characin-brème
Famille : Anostomidés, *Anostomidae* (→ page 16).
Caractéristiques : 14 cm, aucun dimorphisme sexuel connu.
Bac/eau : 160 x 60 x 60 cm, type d'eau 2 à 5, 25 à 28 °C.
Élevage : Les sujets élevés seuls deviennent souvent agressifs envers les autres poissons. Ne pas en élever moins de 5 dans un aquarium sombre garni de nombreuses racines. A besoin d'aliments verts, y compris des aliments secs à base végétale.

500 l

Mode de vie : Tétra herbivore en partie territorial; Amazonie et Amérique du Sud. Aime à se tenir parmi le bois mort.
Socialisation : Bon compagnon pour les grands cichlidés d'Amérique du Sud et les plecos.
Espèce proche : *Abramites solarii*, 12 cm.

Acanthicus adonis Silure-adonis

Famille : Plecos, *Loricariidae* (→ page 8).
Caractéristiques : 100 cm. Les somptueuses couleurs des alevins cèdent la place avec l'âge à une teinte délavée et tachetée. Les mâles ont les nageoires pectorales garnies de longues épines.
Bac/eau : 320 x 70 x 60 cm, type d'eau 2 à 5, 24 à 29 °C.
Élevage : Uniquement dans un très grand bac avec beaucoup de racines. Un aquarium de 320 cm suffit pour un couple. Aliments verts ou granulés riches en fibres.

1300 l

Mode de vie : Vit entre les arbres de la forêt vierge tombés dans l'eau, dans les grands fleuves amazoniens d'eau claire.
Socialisation : Espèce pacifique qui peut être élevée avec de grands cichlidés et de grands tétras.
Espèce proche : *Acanthicus hystrix*, env. 100 cm.

Acarichthys heckelii Cichlidé de Heckel

Famille : Cichlidés, *Cichlidae* (→ page 10).
Caractéristiques : 25 cm, les femelles plus petites et aux nageoires plus courtes.
Bac/eau : 200 x 60 x 60 cm, type d'eau 2 à 4, 25 à 28 °C.
Élevage : Bac décoré de racines et de pierres et aménagé avec des tubes larges de 15 cm environ et longs de 30 cm. Aliments consistants vivants, congelés et secs. Élever de préférence un groupe de 6 à 8 poissons.

700 l

Mode de vie : Creuse des tunnels dans différents types d'eaux de l'Amazone pour y déposer et incuber ses œufs. Pondeur sur substrat caché qui forme des couples.
Socialisation : Grands tétras et plecos, ou cichlidés calmes, par exemple *Heros*.

Aequidens pulcher Acara bleu
Aussi : *Aequidens latifrons*
Famille : Cichlidés, *Cichlidae* (→ page 10).
Caractéristiques : 16 cm, les femelles grandissent un peu moins.
Bac/eau : 120 x 50 x 50 cm, type d'eau 2 à 5, 24 à 28°C.
Élevage : Espèce sans problème à élever en couple et sans beaucoup d'exigences, à part quelques abris et une alimentation variée de tous les types d'aliments courants.

300 l

Mode de vie : Rivières, fossés et zones inondables du Nord de l'Amérique du Sud. Pondeur sur substrat découvert formant des couples.
Socialisation : Plecos et grands silures.
Espèces proches : Il existe plusieurs espèces d'acaras bleus qui se ressemblent toutes beaucoup.

Agamyxis albopunctatus Silure peige
Aussi : *Agamyxis pectinifrons*
Famille : Silures épineux, *Doradidae* (→ page 9).
Caractéristiques : 16 cm, aucun dimorphisme sexuel connu.
Bac/eau : 80 x 35 x 40 cm, type d'eau 2 à 5, 25 à 29°C.
Élevage : Seul ou à plusieurs dans un bac maintenu dans l'obscurité, au substrat en partie sablonneux et aux possibilités de cachettes. Nourrir après avoir éteint la lumière d'aliments congelés consistants ou de comprimés alimentaires – attention aux excès.

100 l

Mode de vie : Espèce nocturne d'Amazonie qui reste cachée dans une grotte pendant la journée.
Socialisation : Tous les poissons pas trop petits aux exigences semblables en matière d'eau.
Espèce proche : Silure rayé, *Platydoras costatus,* 22 cm.

Alestopetersius caudalis Tétra jaune du Congo
Aussi : *Phenacogrammus, Hemigrammopetersius caudalis*
Famille : Tétras africains, *Alestiidae* (→ page 16).
Caractéristiques : 7 cm, les mâles sont plus colorés et ont de plus grandes nageoires.
Bac/eau : 100 x 40 x 40 cm, type d'eau 2 à 5, 23 à 27°C.
Élevage : Groupe de 8 poissons environ dans un bac aux plantations peu denses, structuré par quelques racines, à éclairage tamisé et substrat sombre. Il aime beaucoup les larves de moustiques noires et les drosophiles mais accepte aussi d'autres petits aliments congelés et secs.

150 l

Mode de vie : Poisson grégaire, nage en banc dans les eaux courantes claires du bassin du Congo, se nourrit d'insectes.
Socialisation : Silures (*Synodontis*) et cichlidés nains (*Nanochromis*) du Congo.

Altolamprologus calvus

Famille : Cichlidés, *Cichlidae* (→ page 10).
Caractéristiques : 14 cm, les femelles sont beaucoup plus petites.
Bac/eau : 100 x 50 x 50 cm, type d'eau 5 à 6, 25 à 27 °C.
Élevage : Seul ou en couple dans un bac rocheux avec au moins une caverne dans laquelle la femelle entre, mais pas le mâle (par exemple grande coquille d'escargot marin). Aliments vivants et congelés (petites crevettes), pas d'aliments secs.
Mode de vie : Prédateur de crevettes et petits poissons de la région rocheuse très fissurée du lac Tanganyika. Solitaire. Pondeur sur substrat caché. Forme des couples.
Socialisation : Particulièrement recommandé avec d'autres grands cichlidés du lac Tanganyika.
Espèce proche : *A. compressiceps*, 13 cm.

250 l

Ameca splendens Ameca brillante

Famille : Goodéidés, *Goodeidae* (→ page 19).
Caractéristiques : 12 cm, queue des mâles à bordure jaune.
Bac/eau : 120 x 40 x 40 cm, type d'eau 4 à 6, 21 à 24 °C.
Élevage : Poisson grégaire et paisible pour bac à fort courant, éclairage clair et grand espace de nage, bordé de plantes dures peu denses. Alimentation végétale ou aliments vivants, congelés et secs.
Mode de vie : Eaux courantes claires aux zones rocheuses et à la végétation luxuriante des hauts plateaux mexicains.
Socialisation : Compagnon idéal pour petits et moyens cichlidés d'Amérique centrale, p. ex. espèces *Cryptoheros* ou petit *Thorichthys*.

200 l

Amphilophus citrinellus Citrinellum

Aussi : *Cichlasoma citrinellum*
Famille : Cichlidés, *Cichlidae* (→ page 10).
Caractéristiques : 28 cm, les mâles sont plus grands et ont souvent une bosse sur le front.
Bac/eau : 300 x 70 x 60 cm, type d'eau 5 à 6, 24 à 28 °C.
Élevage : En groupe (8 ou plus) dans un bac sans plantes et peu structuré, au substrat de sable ou de gravier fin. Aliments congelés et granulés contenant des crustacés (par exemple mélanges aux crevettes).
Mode de vie : En dehors des périodes de frai, il vit dans les zones découvertes des lacs nicaraguayens. Pondeur sur substrat caché, il forme des couples qui se nourrissent en filtrant le sable.
Socialisation : Autres cichlidés d'Amérique centrale, par exemple *Cryptoheros nigrofasciatum*.

1200 l

Ancistrus dolichopterus Silure pointillé

Aussi : Mangeur d'algues, silure bleu, *Ancistrus cf. hoplogenys*
Famille : Plecos, *Loricariidae* (→ page 9).
Caractéristiques : 15 cm, le mâle porte des excroissances cutanées sur la tête.
Bac/eau : 100 x 40 x 40 cm, type d'eau 1 à 2, 27 à 29 °C.
Élevage : En couple dans un bac à lumière tamisée avec beaucoup de racines à râper et de cachettes creuses, p. ex. des cavernes en poterie pour silures. À la différence des ancistrus «normaux», cette espèce exige une eau douce. Nourrir de produits végétaux, petites crevettes et comprimés alimentaires.
Mode de vie : Dans les entrelacs de bois mort du rio Negro, au Brésil.
Socialisation : *Ancistrus* pour bac d'eau noire à associer, p. ex., à des scalaires, des cichlidés nains et des tétras.

150 l

Ancistrus sp. Ancistrus

Famille : Plecos, *Loricariidae* (→ page 9).
Caractéristiques : 14 cm, les mâles ont des «antennes» sur la tête.
Bac/eau : 80 x 35 x 40 cm, type d'eau 2 à 6, 24 à 29 °C.
Élevage : En couple dans un bac avec des racines à «râper» et des cachettes de racines ou brisures d'argile. Aliments verts et secs, mangeur d'algues.
Mode de vie : Mangeur pacifique d'algues et de jeunes pousses qui passe son temps à râper le bois pour son apport en fibres. L'origine et la détermination exactes de ce poisson, apprécié des aquariophiles qu'il débarrasse des algues, sont encore inconnues.
Socialisation : Compagnon idéal pour presque tous les poissons d'aquarium, sauf éventuellement de petits cichlidés nains.
Espèce proche : *Ancistrus claro*, 10 cm.

100 l

Anomalochromis thomasi Poisson-papillon africain

Aussi : Cichlidé-papillon africain, cichlidé de Thomas, *Pelmatochromis thomasi*
Famille : Cichlidés, *Cichlidae* (→ page 10).
Caractéristiques : 8 cm, les femelles légèrement plus petites et plus rondes.
Bac/eau : 80 x 35 x 40 cm, type d'eau 2 à 4, 24 à 28 °C.
Élevage : Espèce calme et réservée pour aquarium pas trop clair en partie densément planté. Tous types d'aliments courants. Élever en couple dans un petit aquarium.
Mode de vie : Espèce commune des petits ruisseaux clairs, de la forêt équatoriale et de la savane, au Liberia et en Sierra Leone. Pondeur sur substrat découvert, forme des couples.
Socialisation : Tétras d'Afrique occidentale (p. ex. *Bricynus longipinnis*) et épiplatys.

100 l

Anostomus anostomus Anostome rayé
Famille : Anostomidés, *Anostomidae* (→ page 16).
Caractéristiques : 18 cm, les femelles grandissent et grossissent plus.
Bac/eau : 160 x 60 x 60 cm, type d'eau 2 à 4, 24 à 28 °C.
Élevage : Seul ou en grand groupe de 10 à 12. Chacun doit disposer de son abri (p. ex. racine). Aliments végétaux et fins congelés, les seuls aliments secs sont insuffisants.
Mode de vie : Poisson grégaire des grands cours d'eau du nord de l'Amérique du Sud où l'on trouve des rochers ou du bois mort.
Socialisation : Peut importuner les poissons lents comme les scalaires. L'associer uniquement avec des poissons calmes, par exemple de grands plecos ou des tétras.
Espèce proche : Anostome doré, *Anostomus ternetzi*, 16 cm.

600 l

Aphyocharax anisitsi Nageoires sanglantes
Famille : Tétra de la famille des *Characidae* (→ page 16).
Caractéristiques : 5,5 cm, les mâles plus minces et plus colorés.
Bac/eau : 80 x 35 x 40 cm, type d'eau 2 à 5, 22 à 27 °C.
Élevage : En petit banc dans un aquarium partiellement planté d'une végétation dense dont il anime la partie supérieure. Tous types d'aliments courants.
Mode de vie : Sans doute originaire de ruisseaux à riche végétation du bassin du fleuve Paraná, dans le sud de l'Amérique du Sud.
Socialisation : Espèce facile à élever pour un aquarium communautaire d'Amérique du Sud, p. ex. avec des corydoras ou cichlidés nains *(Apistogramma)*, des plecos *(Ancistrus)* et des tétras *Hyphessobrycon*.
Espèce proche : *Aphyocharax rathbuni*, 5 cm.

100 l

Aphyosemion australe Cap Lopez
Famille : Aphyos, famille des *Aplocheilidae* (→ page 19).
Caractéristiques : 6 cm, mâles plus grands et plus colorés.
Bac/eau : 60 x 30 x 30 cm, type d'eau 2 à 4, 21 à 24 °C.
Élevage : Trois mâles environ et 6 à 8 femelles dans un aquarium de 60 cm. Aménager un bac sombre, planté en partie d'une végétation dense et avec de petits morceaux de racines qui offrent une retraite aux poissons. Nourrir de petits insectes et d'autres petits aliments vivants. Pas d'aliments secs.
Mode de vie : Insectivore des ruisseaux peu profonds et ombragés de la dépression côtière du Gabon, dans la forêt équatoriale.
Socialisation : Petits barbeaux africains (par exemple *Barbus barilioides*) ou procatopys.
Espèce proche : *Aphyosemion ahli*, 6 cm.

50 l

Aphyosemion striatum Aphyo rayé

Famille : Aphyo, famille des *Aplocheilidae* (→ page 19).
Caractéristiques : 5 cm, les mâles plus grands et plus colorés.
Bac/eau : 60 x 30 x 30 cm, type d'eau 2 à 5, 21 à 23 °C.
Élevage : Plusieurs mâles et beaucoup de femelles dans un petit bac maintenu dans l'obscurité. De petites racines et groupes de plantes délimitent les territoires et offrent des possibilités de retraite aux mâles inférieurs ou aux femelles trop harcelées par les mâles. Aliments vivants et secs.

50 l

Mode de vie : Se nourrit d'insectes et vit dans les zones proches des berges, extrêmement peu profondes, de minuscules ruisseaux de la forêt équatoriale, dans le Nord du Gabon.
Socialisation : Épiplatys (p. ex. *Epiplatys sexfasciatus*), barbeaux africains (p. ex. *Barbus barilioides*) ou procatopys (p. ex. *Procatopus*).

Apistogramma agassizii Cichlidé nain d'Agassizi

Aussi : Poisson-évêque
Famille : Cichlidés, *Cichlidae* (→ page 10).
Caractéristiques : 10 cm, les mâles plus grands et plus colorés.
Bac/eau : 100 x 40 x 40 cm, type d'eau 2 à 3, 26 à 28 °C.
Élevage : Bac sombre et aménagé en conséquence, en partie densément planté avec quelques petites pierres ou poteries creuses. Un mâle et plusieurs femelles.

150 l

Mode de vie : Eaux lentes ou dormantes des basses terres de la forêt équatoriale amazonienne. Se tient au-dessus de la couche de feuilles mortes. Pondeur sur substrat caché qui forme un harem. Petits aliments, surtout les petites crevettes.
Socialisation : Tétras vivant à proximité de la surface ou dans la partie centrale du bac et une espèce de cichlidé nain pondeuse sur substrat découvert, par exemple *Laetacara sp.*

Apistogramma borellii Borelli

Aussi : *Apistogramma reitzigi*
Famille : Cichlidés, *Cichlidae* (→ page 10).
Caractéristiques : 7 cm, les mâles plus grands et plus colorés.
Bac/eau : 60 x 30 x 30 cm, type d'eau 2 à 4, 22 à 24 °C.
Élevage : En couple, même dans un bac relativement petit (à partir de 60 cm), partiellement planté d'une végétation dense (plantes flottantes) et avec de petites cachettes creuses. Tous types de petits aliments.

50 l

Mode de vie : On le trouve en Bolivie et dans les pays voisins, le plus souvent dans les eaux dormantes claires ou celles à cours lent et aux nombreuses plantes aquatiques, notamment parmi les racines de plantes flottantes. Pondeur sur substrat caché, forme généralement des couples.
Socialisation : Petits tétras.

Apistogramma cacatuoides Cichlidé nain cacatoès

Aussi : Apisto-perroquet
Famille : Cichlidés, *Cichlidae* (→ page 10).
Caractéristiques : 9 cm, les mâles plus grands et plus colorés.
Bac/eau : 100 x 40 x 40 cm, type d'eau 2 à 4, 24 à 26 °C.
Élevage : Aquarium planté et maintenu dans l'obscurité avec quelques «creux» (p. ex. noix de coco vides coupées en deux). Un mâle pour plusieurs femelles. Tous types d'aliments courants, sans oublier les produits contenant des petites crevettes.
Mode de vie : Zones peu profondes couvertes de feuilles mortes des petits cours d'eau de l'Amazonie péruvienne (eau claire et blanche). Pondeur sur substrat caché qui forme des harems.
Socialisation : Tétras d'Amérique du Sud qui vivent à proximité de la surface et autres poissons de surface.
Espèce proche : *Apistogramma juruensis*, 8 cm.

150 l

Apistogramma hongsloi Apisto à pointillés rouges

Famille : Cichlidés, *Cichlidae* (→ page 10).
Caractéristiques : 7 cm, les mâles sont plus grands et plus colorés.
Bac/eau : 100 x 40 x 40 cm, type d'eau 1 à 2, 25 à 27 °C.
Élevage : Bac sombre, en partie planté d'une végétation dense, avec quelques petites grottes de pierre ou d'argile. Un mâle pour plusieurs femelles. Tous types de petits aliments, les petites crevettes (cyclops, artémias) renforcent la coloration rouge.
Mode de vie : Zones peu profondes à faible courant des ruisseaux et rivières clairs dépendant de l'Orénoque colombien. Vit généralement sur les feuilles mortes. Pondeur sur substrat caché, forme des harems.
Socialisation : En grands bancs avec des tétras (par exemple tétras-sang) et des cichlidés calmes, par exemple des scalaires.

150 l

Apistogramma macmasteri Macmaster

Aussi : Cichlidé nain de Villavicencio
Famille : Cichlidés, *Cichlidae* (→ page 10).
Caractéristiques : 7 cm, les mâles plus grands et plus colorés.
Bac/eau : 100 x 40 x 40 cm, type d'eau 2 à 3, 23 à 26 °C.
Élevage : Bac en partie planté d'une végétation dense et maintenu dans l'obscurité, substrat de sable ou de gravier fin et quelques petites cavernes. Tous types de petits aliments, surtout les petites crevettes. Un mâle pour plusieurs femelles.
Mode de vie : Eaux noires des rives peu profondes et sablonneuses aux dépôts de feuilles mortes et de bois des fleuves colombiens. Pondeur sur substrat caché qui forme un harem.
Socialisation : Tétras et cichlidés sud-américains de surface, par exemple des scalaires.

150 l

Apistogramma nijsseni
Famille : Cichlidés, *Cichlidae* (→ page 10).
Caractéristiques : 9 cm, les mâles plus grands et plus colorés.
Bac/eau : 100 x 40 x 40 cm, type d'eau 1 à 3, 24 à 27 °C.
Élevage : En couple dans un bac d'eau noire maintenu dans l'obscurité avec des racines, quelques plantes et de petites cavités. Tous types d'aliments courants, les petites crevettes renforcent la coloration rouge.

150 l

Mode de vie : Dans la couche de feuilles mortes qui tapisse le fond des ruisseaux d'eaux noires peu profondes, dans la partie péruvienne de l'Amazonie. Pondeur sur substrat caché qui forme des couples et se nourrit sans doute de larves d'insectes.
Socialisation : Cichlidés calmes de profondeurs moyennes, par exemple *scalaires* et *tétras*.
Espèce proche : *Pandurini, A. panduro*, 9 cm.

Aplocheilichthys macrophthalmus Poisson-coffre noir
Aussi : Poisson-coffre-pintade, *A. luxophthalmus, Poropanchax macropthalmus*
Famille : Procatopys, famille des *Poeciliidae* (→ page 19).
Caractéristiques : 3,5 cm, nageoires plus colorées chez les mâles.
Bac/eau : 60 x 30 x 30 cm, type d'eau 2 à 5, 25 à 28 °C.
Élevage : Pas moins de 10 dans un bac à courant léger, planté en partie d'une végétation dense et maintenu dans l'obscurité. Aliments fins vivants ou congelés.

50 l

Mode de vie : Vit en bancs dans les zones calmes des grands et moyens cours d'eau de la forêt équatoriale (Cameroun et Nigeria).
Socialisation : Petits cichlidés nains d'Afrique occidentale (par exemple *Pelvicachromis*) ou *Aphyosemion*.
Espèce proche : Killy de Norman ou yeux bleus, *Aplocheilichthys normani*, 4 cm.

Aplocheilus lineatus Panchax rayé
Famille : Épiplatys, famille des *Aplocheilidae* (→ page 19).
Caractéristiques : 12 cm, les mâles plus grands et plus colorés.
Bac/eau : 80 x 35 x 40 cm, type d'eau 2 à 6, 24 à 29 °C.
Élevage : Un mâle et plusieurs femelles dans un bac partiellement planté d'une végétation dense (plantes flottantes). **Important :** nourrir d'insectes (petits grillons, mouches, etc.).

100 l

Mode de vie : Poisson de surface prédateur qui vit en Inde dans différents types d'eaux et chasse à l'affût insectes et alevins. Les mâles sont agressifs entre eux.
Socialisation : Uniquement avec des poissons un peu plus grands et calmes d'autres niveaux de l'aquarium, par exemple des barbeaux asiatiques *(Puntius)* ou des loches franches *(Botia)*.
Espèce proche : Panchax bleu, *Aplocheilus panchax*, 7 cm.

Apteronotus albifrons Poisson-couteau américain

Famille : Anguilles électriques, famille des *Apteronotidae* (→ page 8).
Caractéristiques : 50 cm, les femelles ont le museau plus court.
Bac/eau : 250 x 60 x 60 cm, type d'eau 2 à 5, 24 à 28 °C.
Élevage : Un mâle pour plusieurs femelles (jusqu'à 5) dans un bac avec des cachettes de racines ou de tubes pour chaque poisson. Aliments congelés et vivants (larves de moustiques, tubifex).

900 l

Mode de vie : Espèce nocturne qu'on trouve dans de nombreux cours d'eau amazoniens au sol sablonneux. Communique et se repère au moyen de faibles signaux électriques. Se nourrit de larves d'insectes.
Socialisation : Grands poissons paisibles d'Amérique du Sud, par exemple scalaires, discus et silures.
Espèce proche : Poisson-couteau brun, *Apteronotus leptorhynchus*, 27 cm.

Ariopsis seemanni Mini-requin

Aussi : *Arius seemanni*
Famille : Machoirons, *Ariidae* (→ page 9).
Caractéristiques : 45 cm, dimorphismes sexuels difficiles à distinguer.
Bac/eau : 320 x 70 x 70 cm, type d'eau 6 à 7, 23 à 27 °C.
Élevage : Poisson d'eau saumâtre à ne maintenir que provisoirement dans une eau exclusivement douce. Bac peu structuré avec

1500 l

un grand espace de nage libre. Repas consistants de crevettes et chair de poisson. Filtration puissante.
Mode de vie : Nageur agité des cours inférieurs des grands fleuves d'Amérique centrale et d'Amérique du Sud qui se jettent dans le Pacifique. Omnivore à croissance rapide.
Socialisation : Uniquement avec des poissons d'eau saumâtre, par exemple argus, poissons-lunes argentés ou poissons-archers.

Arnoldichthys spilopterus
Characin africain aux yeux rouges

Famille : Tétras africains, *Alestiidae* (→ page 16).
Caractéristiques : 8 cm, nageoire anale plus colorée chez les mâles.
Bac/eau : 120 x 40 x 50 cm, type d'eau 2 à 4, 24 à 28 °C.
Élevage : Au moins 6 poissons par bac avec un grand espace de nage libre et du courant, mais peu d'aménagements sinon. Omnivore (surtout des larves de moustiques et des insectes).

250 l

Mode de vie : Vif poisson de pleine eau, il vit en banc dans les ruisseaux et petites rivières du delta du Niger (Nigeria).
Socialisation : Cichlidés d'Afrique occidentale (par exemple espèces *Pelvicachromis*), poissons-chats (espèces *Synodontis*), eutropiella à queue d'hirondelle (espèces *Pareutropius*).

Astatotilapia latifasciata

Aussi : *Haplochromis sp.* «*Zebra-obliquidens*»
Famille : Cichlidés, *Cichlidae* (→ page 10).
Caractéristiques : 13 cm, les mâles plus grands et plus colorés.
Bac/eau : 120 x 50 x 50 cm, type d'eau 4 à 6, 24 à 27 °C.
Élevage : Un ou un grand nombre de mâles avec plusieurs femelles dans un bac clair avec des plantes à grandes feuilles et quelques rochers. Tous types d'aliments courants, surtout ceux qui contiennent des petites crevettes.

300 l

Mode de vie : Uniquement attesté dans le lac Nawampasa, en Ouganda, il passe pour menacé à l'état sauvage. Incubateur buccal femelle ne formant pas de couple.
Socialisation : Avec des cichlidés du lac Victoria, par exemple des espèces *Paralabidochromis* et *Pundamilia*.

Astronotus ocellatus   Oscar

Famille : Cichlidés, *Cichlidae* (→ page 10).
Caractéristiques : 46 cm, dimorphismes sexuels quasi inexistants.
Bac/eau : 250 x 70 x 60 cm, type d'eau 2 à 4, 25 à 29 °C.
Élevage : En groupe dans un bac aménagé avec des racines. Éviter les granulés alimentaires, mais nourrir avec du poisson cru, des crustacés, des insectes et de temps en temps des produits verts (frais ou congelés).

1000 l

Mode de vie : Présent dans de vastes territoires amazoniens, dans les eaux calmes. Vit de poissons, gros insectes et crustacés. Pondeur sur substrat découvert qui forme des couples.
Socialisation : Grands poissons calmes, p. ex. grands plecos *(Pterygoplichthys)* et grands *Crenicichla*.

Astyanax mexicanus

Aussi : Poisson aveugle, tétra cavernicole, characin aveugle, characin des cavernes, *Anoptichthys jordani*, *Astyanax fasciata*
Famille : Tétra de la famille des *Characidae* (→ page 16).
Caractéristiques : 9 cm, les femelles plus grandes et plus trapues. Il doit son nom à ses yeux atrophiés et à sa dépigmentation.
Bac/eau : 80 x 35 x 40 cm, type d'eau 4 à 6, 20 à 25 °C.

100 l

Élevage : Nageur infatigable qui a besoin d'un espace de nage libre correspondant, l'aménagement du bac n'a sinon pas beaucoup d'importance. Peut être élevé dans des bacs à éclairage normal. Tous types d'aliments, même secs.
Mode de vie : Omnivore des cavernes mexicaines.
Socialisation : Éviter les espèces trop délicates en raison de sa nature impétueuse, mais s'entend bien avec les cichlidés du genre *Cryptoheros* dans les grands bacs.

Aulonocara jacobfreibergi Cichlidé-fée

Famille : Cichlidés, *Cichlidae* (→ page 10).
Caractéristiques : 14 cm, les femelles incolores et plus petites.
Bac/eau : 120 x 50 x 50 cm, type d'eau 5 à 6, 25 à 27 °C.
Élevage : Espèce calme dont un mâle et plusieurs femelles peuvent être élevés dans un bac maintenu dans l'obscurité au sol de sable et aux cavernes spacieuses. Tous types d'aliments, surtout les « mélanges aux crevettes ».

300 l

Mode de vie : Dans de grandes cavernes de la zone intermédiaire entre les zones rocheuse et sablonneuse du lac Malawi. Incubateur buccal femelle ne formant pas de couples.
Socialisation : De préférence des cichlidés de sable ou de pleine eau du Malawi, mais pas les espèces de roches souvent rudes, par exemple *Melanochromis*.

Badis bengalensis Dario dario

Aussi : *Badis sp.* « Scarlet », *Badis badis bengalensis*
Famille : Perches bleues, *Badidae* (→ page 14).
Caractéristiques : 3 cm, les femelles plus pâles et plus pleines.
Bac/eau : 60 x 30 x 30 cm, type d'eau 2 à 4, 24 à 27 °C.
Élevage : On peut élever deux mâles et 4 ou 5 femelles dans un bac de 60 l à la végétation dense avec quelques feuilles de chêne trempées. Aliments fins vivants et congelés, n'accepte pas les aliments secs.

50 l

Mode de vie : Originaire des ruisseaux herbeux du nord de l'Inde.
Socialisation : Éviter la cohabitation, ou alors seulement avec d'autres poissons nains, par exemple des espèces *Boraras*.
Espèce proche : La perche bleue, *B. badis,* 6 cm, autrefois plus courante en aquariophilie, plus calme, a besoin de petites grottes.

Balantiocheilos melanopterus Barbu-requin

Aussi : *Balantiocheilus melanopterus*
Famille : Cyprinidés, *Cyprinidae* (→ page 16).
Caractéristiques : 35 cm, les mâles plus minces.
Bac/eau : 250 x 60 x 60 cm, type d'eau 2 à 5, 24 à 28 °C.
Élevage : Poisson grégaire à élever uniquement dans un très grand aquarium. Aménager en laissant un vaste espace de nage libre et en structurant peu le bord du bac. Nourrir d'aliments secs consistants à teneur végétale, mais aussi de petites crevettes congelées. L'élever dans un petit bac est pure cruauté !

900 l

Mode de vie : Grand barbeau très souple et mobile des fleuves et lacs d'Asie du Sud-Est. Considéré comme menacé dans sa région d'origine.
Socialisation : Autres grands poissons d'Asie du Sud-Est, par exemple des loches-clowns *(Botia macracanthus)*.

Barbodes schwanenfeldii Barbu de Schwanenfeld

Aussi : Barbu géant, *Puntius schwanenfeldi*, *Barbus schwanenfeldi*
Famille : Cyprinidés, *Cyprinidae* (→ page 16).
Caractéristiques : 35 cm, femelles plus corpulentes.
Bac/eau : 320 x 60 x 60 cm, type d'eau 2 à 5, 22 à 28 °C.
Élevage : Dans un grand aquarium avec un vaste espace de nage, un sol de sable et quelques racines. Aliments secs à base de plantes et tous types d'aliments courants.
Mode de vie : Espèce robuste qu'on trouve dans les types d'eaux les plus divers en Asie du Sud-Est. Dans la nature, son régime alimentaire est essentiellement végétal. Sa chair est appréciée.
Socialisation : Uniquement avec d'autres grandes espèces, par exemple des loches clowns ou des scléropages d'Asie. Les petits poissons sont susceptibles d'être mangés.

1200 l

Barbus fasciolatus Barbu à stries bleues

Aussi : *Barbus barilioides*
Famille : Cyprinidés, *Cyprinidae* (→ page 16).
Caractéristiques : 5 cm, les femelles plus pleines.
Bac/eau : 80 x 35 x 40 cm, type d'eau 2 à 5, 22 à 26 °C.
Élevage : En banc dans un bac au courant léger, à l'aménagement sombre et en partie planté d'une végétation dense. Un substrat en partie meuble leur permet de fouiller sans se blesser les barbillons sensibles.
Mode de vie : En bancs dans les ruisseaux ombragés des savanes du sud de l'Afrique (Zambie, Angola).
Socialisation : Petits et moyens poissons africains, par exemple silures du Congo, poissons-papillons ou poissons-éléphants.

100 l

Baryancistrus sp. Golden Nugget

Aussi : L 18, Ancistrus à bordure jaune
Famille : Plecos, *Loricariidae* (→ page 9).
Caractéristiques : 35 cm ou plus, les mâles ont la tête plus plate et plus large, tandis que celle des femelles est plus ronde. La belle couleur des alevins disparaît avec l'âge.
Bac/eau : 320 x 60 x 60 cm, type d'eau 3 à 5, 26 à 29 °C.
Élevage : Seul ou à plusieurs dans un grand aquarium avec des racines et de grosses pierres. Nourrir de produits végétaux et de granulés alimentaires secs à base de plantes.
Mode de vie : Broute les algues et les micro-organismes des pierres et des racines dans le Rio Xingu, au Brésil.
Socialisation : Grands cichlidés calmes, par exemple *Crenicichla xingu*.
Espèce proche : L 47, *Baryancistrus sp.* « *Magnum* », 30 cm.

1200 l

Bathyaethiops caudomaculatus Tétra-lune africain

Aussi : *Bathyaethiops greeni, B. breuseghemi*
Famille : Tétras africains, *Alestiidae* (→ page 16).
Caractéristiques : 5 cm env., les mâles ont de plus grandes nageoires.
Bac/eau : 80 x 35 x 40 cm, type d'eau 2 à 4, 24 à 27 °C.
Élevage : En groupe (10 poissons environ) dans un bac pas trop éclairé avec un peu de courant et quelques plantes en bordure. Tous types de petits aliments.

100 l

Mode de vie : En banc dans les zones dégagées des ruisseaux d'eau claire du bassin du Congo. Ne fréquente pas les eaux noires.
Socialisation : Par exemple avec des cichlidés nains d'Afrique centrale *(Nanochromis sp.)*.
Espèce proche : *B. altus*, 8 cm.

Bedotia geayi Bedotia

Famille : Bedotias, *Bedotiidae* (→ page 18).
Caractéristiques : 15 cm, les mâles plus grands et plus colorés. Les couleurs n'apparaissent dans toute leur beauté que sous un fort éclairage.
Bac/eau : 150 x 50 x 50 cm, type d'eau 4 à 6, 21 à 24 °C.
Élevage : En banc dans un grand bac clair et bien éclairé, aux plantations limitées aux bordures, au substrat en partie caillouteux et au bon courant. Aliments végétaux, mais aussi produits consistants congelés et vivants.

400 l

Mode de vie : Nageur vif et habile qui vit en petits bancs dans les torrents clairs de Madagascar.
Socialisation : Tous les poissons de fond moyens, par exemple plecos bouledogues *(Chaetostoma)* ou cichlidés d'Amérique centrale (par exemple *Cryptoheros*).

Betta imbellis Combattant pacifique

Aussi : *Betta rubra*
Famille : Combattant de la famille des *Osphronemidae* (→ page 15).
Caractéristiques : 5 cm, femelle pâle aux nageoires plus courtes.
Bac/eau : 60 x 30 x 30 cm, type d'eau 2 à 5, 26 à 28 °C.
Élevage : En couple dans un petit bac, plusieurs couples dans un bac de plus de 80 cm. Plantation dense et aménagement très structuré pour leur permettre de fixer des limites de territoire et de trouver des cachettes. Petits aliments congelés, vivants et secs.

50 l

« Plafond » de plantes flottantes.
Mode de vie : Zones marécageuses de l'est de la Thaïlande et de Malaisie.
Socialisation : Petits poissons calmes des niveaux central et supérieur de l'aquarium : petits barbeaux ou rasboras (par exemple *Boraras*) et loches franches, par exemple kuhlis.

Betta splendens Combattant du Siam

Famille : Combattants, famille des *Osphronemidae* (→ page 15).
Caractéristiques : 6 cm, les mâles sont plus colorés et ont de plus longues nageoires.
Bac/eau : 60 x 30 x 30 cm, type d'eau 2 à 6, 24 à 28°C.
Élevage : En couple dans un bac à la végétation dense et à plantes flottantes. Créer des cachettes avec des racines. Les mâles sont très agressifs entre eux, surtout ceux des variétés d'élevage, mais les isoler dans des verres comme c'était autrefois courant relève de la pure cruauté !
Mode de vie : Poisson de surface qui peuple les eaux herbeuses de Thaïlande où il se nourrit surtout de larves d'insectes.
Socialisation : Petits barbeaux et poissons de fond.
Espèces proches : On trouve des variétés d'élevage sélectionnées pour leur longueur de nageoires et leur agressivité.

50 l

Biotodoma cupido

Famille : Cichlidés, *Cichlidae* (→ page 10).
Caractéristiques : 13 cm, les femelles grandissent un peu moins.
Bac/eau : 80 x 50 x 40 cm, type d'eau 2 à 5, 25 à 28°C.
Élevage : En couple dans un petit bac de plus de 80 cm ou, de préférence, en groupe dans un plus grand bac pour que des couples s'y forment. Plantes à grandes feuilles, pierres plates et substrat de gravier fin. Tous types de petits aliments.
Mode de vie : Originaire de différents cours d'eau lents ou d'eaux dormantes d'Amazonie, vit souvent en terrain dégagé. Pondeur sur substrat découvert qui forme des couples.
Socialisation : Avec des *Apistogramma*, des tétras d'Amérique du Sud ou des plecos *Ancistrus* dans un grand bac.

150 l

Boehlkea fredcochui Tétra bleu du Pérou

Famille : Tétra de la famille des *Characidae* (→ page 16).
Caractéristiques : 5 cm environ, les femelles plus pleines.
Bac/eau : 80 x 35 x 40 cm, type d'eau 2 à 5, 23 à 26°C.
Élevage : En banc de 10 environ dans un bac à l'éclairage pas trop intense et à l'aménagement sombre, à la végétation peu dense et à fort courant. Tous types de petits aliments.
Mode de vie : Poisson qui aime nager en banc dans le courant des ruisseaux clairs d'Amazonie (Pérou).
Socialisation : Toutes les espèces petites à moyennes que son agitation ne gêne pas, par exemple des corydoras et des plecos, mais aussi de robustes cichlidés nains (par exemple *Apistogramma*).

100 l

Boraras brigittae

Aussi : *Rasbora brigittae, Rasbora urophtalma brigittae*
Famille : Cyprinidés, *Cyprinidae* (→ page 16).
Caractéristiques : 2 cm, mâles plus colorés et plus minces.
Bac/eau : 60 x 30 x 30 cm, type d'eau 1 à 2, 26 à 29 °C.
Élevage : En banc dans un bac à la végétation dense, mais pas forcément aménagé sinon. Aliments vivants fins (artémias, petites larves de moustiques noires), mais aussi aliments secs de qualité supérieure.
Mode de vie : Poisson sociable qui vit dans les ruisseaux et marais d'eaux noires du Sud de Bornéo.
Socialisation : Difficile à associer en raison de sa grande fragilité : privilégier les petites espèces qui apprécient aussi les eaux noires, par exemple des kuhlis.

50 l

Boraras maculata Rasbora nain

Aussi : Rasbora pygmée, *Rasbora maculata*
Famille : Cyprinidés, *Cyprinidae* (→ page 16).
Caractéristiques : 2,5 cm, les femelles moins rouges et plus pleines.
Bac/eau : 60 x 30 x 30 cm, type d'eau 1 à 3, 25 à 29 °C.
Élevage : En banc (pas moins de 10 à 20) dans un bac d'eau douce (!) filtré à la tourbe et maintenu dans l'obscurité. Petites plantes fines. Aliments fins vivants, parfois aussi secs.
Mode de vie : Vit dans les zones des berges envahies par la végétation ou les feuilles mortes des eaux lentes ou dormantes, dans l'ouest de la Malaisie et de Sumatra (Indonésie).
Socialisation : Uniquement avec d'autres poissons nains, par exemple de petits poissons de fond comme les kuhlis.

50 l

Boraras urophthalmoides

Aussi : *Rasbora urophthalma*
Famille : Cyprinidés, *Cyprinidae* (→ page 16).
Caractéristiques : 2 cm, les femelles plus pleines.
Bac/eau : 60 x 30 x 30 cm, type d'eau 2 à 5, 24 à 26 °C.
Élevage : Cette robuste espèce *Boraras* est facile à élever en grand banc (20 à 30 sujets) dans un bac densément planté. Aliments vivants très fins, p. ex. artémias, mais aussi fins aliments secs.
Mode de vie : Essentiellement originaire des marécages et étangs d'Asie du Sud-Est aux fines plantes aquatiques.
Socialisation : Tous les poissons nains des niveaux d'aquarium inférieurs qui apprécient le même type d'eau, par exemple kuhlis, gouramis grogneurs nains ou corydoras nains.

50 l

Botia macracanthus Loche-clown

Famille : Loches franches, *Cobitidae* (→ page 17).
Caractéristiques : 25 cm, les sexes sont difficiles à différencier, mais tous portent une petite épine sous l'œil – attention en les attrapant !
Bac/eau : 250 x 60 x 50 cm, type d'eau 1 à 5, 25 à 30 °C.
Élevage : En groupe (pas moins de 5), chaque poisson doit disposer de son propre abri, par exemple un tube de bambou. Les solitaires sont souvent querelleurs. Le bac doit être spacieux, garni d'un substrat en partie sablonneux et comporter des racines. Souvent élevé dans des aquariums beaucoup trop petits.
Mode de vie : Fleuves des îles de Sumatra et Bornéo. Son mode de vie est peu connu malgré sa popularité.
Socialisation : Grands barbeaux, barbus et silures asiatiques amateurs de chaleur.

750 l

Botia morleti Loche d'Horas

Famille : Loches franches, *Cobitidae* (→ page 17).
Caractéristiques : 7 cm, sexes peu différenciés. Attention, il porte une petite épine sous l'œil.
Bac/eau : 80 x 35 x 40 cm, type d'eau 2 à 5, 25 à 30 °C.
Élevage : De préférence en grand groupe de 5 ou 6 dans un aquarium comportant des abris de pierres plates et de racines. Aliments vivants, congelés, et parfois secs, si possible aussi petits escargots.
Mode de vie : Poisson commun des grands et moyens cours d'eau de Thaïlande et de Malaisie. Se nourrit essentiellement d'escargots et de larves d'insectes. Creuse ses abris.
Socialisation : Bon compagnon pour poissons moyens, par exemple barbeaux et labyrinthidés.

100 l

Botia sidthimunki Loche naine

Aussi : Loche-damier
Famille : Loches franches, *Cobitidae* (→ page 17).
Caractéristiques : 6 cm, les femelles plus pleines. Attention, il porte une petite épine sous l'œil.
Bac/eau : 60 x 30 x 30 cm, type d'eau 2 à 6, 26 à 29 °C.
Élevage : Bac planté très structuré. Petits aliments vivants et secs.
Mode de vie : Eaux calmes et souvent troubles de quelques fleuves et de leurs zones de débordement, essentiellement en Thaïlande et en Asie du Sud-Est. Contrairement à beaucoup d'autres espèces *Botia*, c'est un poisson sociable qui nage souvent en pleine eau.
Socialisation : Compagnon idéal pour de petits poissons asiatiques des niveaux moyen et supérieur de l'aquarium : barbeaux, rasboras, gouramis.

50 l

Botia striata Loche zébrée
Famille : Loches franches, *Cobitidae* (→ page 17).
Caractéristiques : 8 cm, sexes difficilement identifiables. Attention, ils portent une petite épine sous l'œil.
Bac/eau : 80 x 35 x 40 cm, type d'eau 2 à 5, 23 à 27 °C.
Élevage : À plusieurs dans un bac peu planté avec quelques abris. Un sol en partie sablonneux leur permet de fouiller. Se nourrit de petits escargots et peut être introduit dans l'aquarium pour en réguler la population.
Mode de vie : Conchylivore paisible d'originaire indienne.
Socialisation : Poisson de fond idéal pour un bac communautaire asiatique avec des barbeaux, des rasboras et des labyrinthidés qui en peuplent les niveaux supérieurs.

100 l

Brachygobius cf. doriae Poisson-abeille
Aussi : Poisson-bourdon, *Brachygobius xanthozona*
Famille : Goujons, *Gobiidae* (→ page 11).
Caractéristiques : 3,5 cm, femelle plus pleine.
Bac/eau : 60 x 30 x 30 cm, type d'eau 5 à 7, 27 à 30 °C.
Élevage : En groupe de 12 environ dans un petit bac avec beaucoup de plantes (halophiles) ou de petites cachettes. Nourrir uniquement de petits aliments vivants, comme des nauplies d'artémias ou des larves de moustiques noires. Pas d'aliments secs.
Mode de vie : Zones envahies par les herbes des fleuves et eaux côtières saumâtres d'Asie du Sud-Est, auxquels les substances humiques donnent souvent une teinte claire de thé.
Socialisation : À élever de préférence seul, car la lutte pour la nourriture les fait sinon mourir rapidement de faim.

50 l

Brochis splendens Poisson cuirassé vert
Aussi : Poisson-chat émeraude
Famille : Callichthyidés, *Callichthyidae* (→ page 9).
Caractéristiques : 8 cm, mâles plus minces.
Bac/eau : 100 x 50 x 50 cm, type d'eau 2 à 5, 23 à 27 °C.
Élevage : En groupe dans un bac de grande superficie avec quelques abris sous des plantes à grandes feuilles et des racines. Substrat en partie sablonneux. Nourrir de comprimés alimentaires et de petites crevettes congelées.
Mode de vie : Poisson grégaire des cours d'eau lents et peu profonds, souvent boueux, d'Amazonie.
Socialisation : Compagnon pacifique de tous les poissons sud-américains de la même région, par exemple discus, scalaires, tétras et plecos « de racines » comme les espèces *Ancistrus*.

250 l

Brycinus longipinnis Characin à longues nageoires

Aussi : *Alestes longipinnis*
Famille : Tétras africains, *Alestiidae* (→ page 16).
Caractéristiques : 13 cm, les mâles plus minces et plus colorés.
Bac/eau : 150 x 50 x 50 cm, type d'eau 2 à 5, 24 à 29 °C.
Élevage : 6 poissons ou plus dans un bac clair avec un espace de nage libre traversé par un courant. Repas consistants d'aliments vivants et congelés (larves de moustiques, insectes) ou secs.
Mode de vie : Poisson très vif qui vit, essentiellement d'insectes volants, en bancs dans les ruisseaux de la forêt équatoriale d'Afrique occidentale.
Socialisation : Cichlidés d'Afrique occidentale et centrale (par exemple espèces *Pelvicachromis, Anomalochromis*), épiplatys (par exemple *Epiplatys sexfasciatus, E. dageti*), poissons-chats (par exemple *Synodontis nigriventris*).

400 l

Campylomormyrus tamandua

Famille : Poissons-éléphants, *Mormyridae* (→ page 7).
Caractéristiques : 43 cm, les mâles ont la nageoire anale concave.
Bac/eau : 320 x 60 x 60 cm, type d'eau 2 à 5, 25 à 29 °C.
Élevage : Deux mâles et 3 femelles dans un bac aux nombreuses cachettes (une par poisson). Nourrrir le soir ou, de préférence, la nuit de larves de moustiques rouges congelées en grandes quantités.
Mode de vie : Espèce nocturne des portions rocheuses à fort courant du Niger et du Congo. Fouille les cavités rocheuses avec sa bouche en forme de pincette pour y trouver des larves d'insectes, communique et se repère par de faibles décharges électriques. Agressif avec ses congénères.
Socialisation : Tétras calmes (par exemple *Phenacogrammus*) qui ne lui font pas concurrence au moment des repas.

1200 l

Carinotetraodon travancoricus Tétraodon nain

Aussi : *Colisa sota*
Famille : Gouramis, famille des Tétrodons, *Tetraodontidae* (→ page 15).
Caractéristiques : 3 cm, les couleurs des mâles sont plus intenses.
Bac/eau : 60 x 30 x 30 cm, type d'eau 5 à 7, 22 à 24 °C.
Élevage : En groupe dans un aquarium à la végétation clairsemée et au substrat de fin gravier. Nourrir abondamment et exclusivement d'aliments vivants, par exemple des larves de moustiques blanches ou des escargots.
Mode de vie : Petit poisson actif des mares indiennes herbeuses.
Socialisation : Uniquement avec des poissons en bancs assez vifs, par exemple des rasboras, car il grignote les nageoires.
Espèce proche : *C. imitator,* 3 cm. Cette espèce est plus rare, mais moins agressive envers les autres poissons.

50 l

Carnegiella strigata Hachette marbrée

Famille : Poissons-hachettes, *Gasteropelecidae* (→ page 16).

Caractéristiques : 4 cm, dimorphismes sexuels difficiles, voire impossibles, à distinguer, les femelles sont à peine plus pleines.

Bac/eau : 60 x 30 x 30 cm, type d'eau 1 à 4, 26 à 30°C.

Élevage : Poisson de surface qui vit en groupe (pas moins de 6 animaux) et dont l'élevage approprié exige un régime insectivore (mouches du vinaigre, larves de moustiques noires), même s'il accepte aussi des aliments secs au besoin. Il apprécie un courant léger.

50 l

Mode de vie : Pur poisson de surface des eaux calmes et courantes (eau noire) du nord de l'Amérique du Sud.

Socialisation : Tous les petits poissons pas trop turbulents des profondeurs moyennes à basses aux exigences semblables en matière d'eau : silures, cichlidés, tétras.

Chaca bankanensis Silure à grande bouche

Aussi : Silure-crapaud

Famille : Silures à grande bouche, *Chacidae* (→ page 9).

Caractéristiques : 20 cm, dimorphisme sexuel peu distinct.

Bac/eau : 80 x 35 x 40 cm, type d'eau 2 à 5, 23 à 26°C.

Élevage : Seul dans un bac plat structuré par une racine de bois de tourbière et quelques plantes. Repas consistants de poissons vivants, par exemple ablettes ou gardons.

100 l

Mode de vie : Prédateur chassant à l'affût, camouflé dans les eaux de la forêt vierge d'Asie du Sud-Est. Il dévore des poissons dont la longueur dépasse la moitié de celle de son corps, et des crevettes.

Socialisation : Ne pas socialiser car les poissons de moins de 15 cm sont dévorés et les plus grands lui volent sa nourriture.

Espèce proche : *Chaca chaca*, 20 cm.

Chaetostoma spec. Pleco-bouledogue

Famille : Plecos, *Loricariidae* (→ page 9).

Caractéristiques : Environ 8 à 12 cm, le mâle a le museau plus large.

Bac/eau : 60 x 30 x 30 cm, type d'eau 3 à 5, 20 à 24°C.

Élevage : Bac fortement éclairé à fort courant. Veiller à ce que l'eau ne se réchauffe pas trop en été ! Aliments verts et comprimés alimentaires secs.

50 l

Mode de vie : Les *Chaetostoma* sont originaires des eaux fraîches et montagneuses des Andes dont ils râpent les algues à la surface des cailloux, au milieu du courant.

Socialisation : Élever de préférence seul.

Espèces proches : On distingue différentes espèces parfois difficiles à déterminer.

Chanda ranga Perche de verre

Aussi : Chanda des Indes, *Chanda lala, Ambassis lala*
Famille : Perches de verre, *Ambassidae* (→ page 14).
Caractéristiques : 5 cm, les mâles prennent une couleur sombre au moment du frai, les nageoires anales et dorsale bordées de bleu clair irisé.
Bac/eau : 60 x 30 x 30 cm, type d'eau 5 à 7, 25 à 29°C.
Élevage : Pas moins de 6 dans un bac richement structuré et aménagé avec des plantes ou de fines branches. Nourrir de cyclops, artémias et puces d'eau.
Mode de vie : Vit en banc dans les eaux douces et saumâtres à la riche végétation d'Asie du Sud-Est et se nourrit de petits animaux de pleine eau, notamment des petites crevettes.
Socialisation : De préférence avec de petits poissons de fond d'eau saumâtre, par exemple des poissons-abeilles.

50 l

Channa bleheri Tête de serpent arc-en-ciel

Famille : Têtes de serpent, *Channidae* (→ page 15).
Caractéristiques : 15 cm, les femelles plus petites et plus pleines.
Bac/eau : 100 x 40 x 40 cm, type d'eau 3 à 6, 23 à 25°C.
Élevage : En couple dans un bac à la plantation clairsemée. Chaque poisson doit disposer de sa cachette personnelle sous la forme d'une cavité spacieuse. Espèce réservée à nourrir individuellement de divers aliments congelés très nutritifs, d'insectes, de petits morceaux de poisson et de vers de terre.
Mode de vie : Originaire des ruisseaux du nord-est de l'Inde où il se nourrit sans doute d'insectes et parfois de petits poissons.
Socialisation : Espèce à élever de préférence seule.
Espèce proche : *Channa orientalis,* 15 cm.

100 l

Chilatherina bleheri Arc-en-ciel de Bleher

Famille : Poissons-arcs-en-ciel, *Melanotaeniidae* (→ page 18).
Caractéristiques : 14 cm, es mâles sont plus colorés et souvent de teintes très différentes.
Bac/eau : 150 x 50 x 50 cm, type d'eau 4 à 6, 25 à 28°C.
Élevage : Bac clair, si possible ensoleillé, à plantation peu dense en bordure et grand espace de nage libre. Tous types d'aliments petits à moyens.
Mode de vie : Poisson des rives à la végétation luxuriante du lac Bira, en Nouvelle-Guinée. Vit en bancs. Les mâles paradent dans leurs plus belles couleurs au petit matin.
Socialisation : Grands goujons, mais aussi barbeaux, tétras, cichlidés pacifiques et silures.
Espèce proche : *Chilatherina fasicata,* 14 cm.

350 l

Chilodus punctatus Tête en bas

Aussi : Chilodus pointillé
Famille : Anostomidés, *Anostomidae* (→ page 16).
Caractéristiques : 9 cm, les mâles plus minces.
Bac/eau : 100 x 40 x 40 cm, type d'eau 2 à 4, 24 à 28 °C.
Élevage : En groupe de 6 à 8 dans un bac très structuré (racines, plaques d'ardoise, plantes à grandes feuilles – par exemple *Anubias* ou fougère de Java). Herbivore, il a besoin de produits verts (feuilles de salade bouillies, épinards), mais aussi d'aliments animaux congelés.
Mode de vie : On le voit se tenir la tête en bas parmi les plantes et les racines de diverses étendues d'eau, en haute Amazonie.
Socialisation : Espèces sud-américaines robustes et/ou vives et mobiles : corydoras, plecos, cichlidés pas trop grands. Pas de scalaires !

150 l

Chitala ornata Poisson-couteau clown

Aussi : Poisson-couteau ocellé, *Notopterus chitala*
Famille : Poissons-couteaux de l'Ancien Monde, *Notopteridae* (→ page 7).
Caractéristiques : 100 cm, aucun dimorphisme sexuel connu.
Bac/eau : 320 x 80 x 80 cm pour les alevins, sinon uniquement en aquarium d'exposition, type d'eau 2 à 6, 24 à 28 °C.
Élevage : Prédateur à élever seul ou en groupe dans un bac géant. Veiller à lui procurer de grands abris. Les alevins ont de jolies couleurs qui séduisent et incitent à des achats souvent irréfléchis. Repas consistants, p. ex. granulés de truite et chair de poisson.
Mode de vie : Poisson nocturne des fleuves d'Asie du Sud-Est.
Socialisation : Autres grands poissons asiatiques, par exemple arowanas, perches-tigres ou grands barbeaux.

2000 l

Chlamydogobius eremius Gobie du désert

Famille : Goujons, *Gobiidae* (→ page 11).
Caractéristiques : 6 cm, nageoires colorées chez le mâle.
Bac/eau : 60 x 30 x 30 cm, type d'eau 4 à 6, 12 à 26 °C.
Élevage : Deux mâles pour plusieurs femelles. Substrat sablonneux semé de pierres pour lui permettre de creuser des trous. Petits aliments vivants et congelés ou aliments secs contenant des algues. Éteindre le chauffage pendant la nuit, cela correspond à la baisse de température nocturne.
Mode de vie : Poisson territorial du lac Eyre, dans le désert du centre de l'Australie.
Socialisation : Poissons en bancs des zones supérieures de l'eau, par exemple *Marostherina* dans un grand bac.

50 l

Cleithracara maronii Maroni
Aussi : Cichlidé-trou de serrure, *Aequidens maronii*
Famille : Cichlidés, *Cichlidae* (→ page 10).
Caractéristiques : 9 cm, les mâles plus grands aux nageoires plus longues.
Bac/eau : 80 x 35 x 40 cm, type d'eau 2 à 4, 26 à 28 °C.
Élevage : En couple dans un bac à la végétation dense, avec des racines et de petites pierres isolées. Tous types de petits aliments.
Mode de vie : Habite les petits ruisseaux clairs avec des feuilles mortes et un courant léger du nord-est de l'Amérique du Sud. Se nourrit de larves d'insectes. Pondeur sur substrat découvert qui forme des couples.
Socialisation : Espèce calme qu'on perd de vue dans la compagnie d'autres cichlidés, à élever plutôt avec des tétras ou des cichlidés très calmes, par exemple des scalaires ou des discus.

100 l

Colisa chuna Gourami miel
Aussi : *Colisa sota*
Famille : Gouramis, famille des *Tetraodontidae* (→ page 15).
Caractéristiques : 5 cm, les mâles sont plus colorés pendant le frai mais les sexes sont sinon difficiles à distinguer.
Bac/eau : 60 x 30 x 30 cm, type d'eau 2 à 6, 22 à 28 °C.
Élevage : En couple dans un bac à la végétation dense couvert de plantes flottantes. Tous types de petits aliments courants. Le plus souvent incolore dans les aquariums du commerce.
Mode de vie : Poisson calme qui ne déploie ses splendides couleurs qu'au moment de la reproduction. Originaire des berges et des zones de débordement de cours d'eau lents ou d'eaux dormantes, dans le nord-est de l'Inde.
Socialisation : Uniquement des poissons aussi délicats, par exemple des perches bleues.

50 l

Colisa labiosa Gourami à grosses lèvres
Famille : Gouramis, famille des *Osphronemidae* (→ page 15).
Caractéristiques : 9 cm, les mâles plus colorés.
Bac/eau : 80 x 35 x 40 cm, type d'eau 2 à 6, 22 à 28 °C.
Élevage : En couple dans un aquarium à la végétation peu dense avec quelques racines qui atteignent la surface, par ailleurs couverte de plantes flottantes. Aliments en flocons de qualité supérieure et vivants de temps en temps. Pas de courant.
Mode de vie : Habitant des zones calmes des rivières et marécages du sud de Myanmar (Birmanie). Se nourrit probablement de larves d'insectes et de petits organismes.
Socialisation : Poissons des niveaux inférieurs du bac pas trop agités, par exemple loches franches ou petits barbeaux.
Espèce proche : Gourami géant, *C. fasciata*, 12 cm.

100 l

Colisa lalia Gourami nain

Famille : Gouramis, famille des *Osphronemidae* (→ page 15).

Caractéristiques : 6 cm, mâles plus colorés et plus grands.

Bac/eau : 60 x 30 x 30 cm, type d'eau 2 à 6, 24 à 28 °C.

Élevage : En couple dans un petit bac, en petit groupe dans un bac de plus de 100 cm. Aménagement très structuré et plantations (plantes flottantes) pour permettre à la femelle de se retirer. Tous types de petits aliments.

Mode de vie : Poisson calme qu'on trouve dans les canaux marécageux envahis par les herbes des portions calmes et des zones de débordement des fleuves indiens. Régime alimentaire animal et végétal.

Socialisation : Tous les petits poissons asiatiques pas trop vifs des niveaux moyen et inférieur de l'aquarium, par exemple barbeaux, rasboras et tétras.

50 l

Copadichromis borleyi «Kadango red» Kadango

Famille : Cichlidés, *Cichlidae* (→ page 10).

Caractéristiques : 14 cm, femelles plus petites et moins colorées.

Bac/eau : 160 x 60 x 60 cm, type d'eau 5 à 6, 25 à 27 °C.

Élevage : Un mâle et plusieurs femelles dans un bac avec un vaste espace de nage libre et quelques roches. Tous types d'aliments, les produits contenant des crevettes (cyclops, artémias, mélanges aux crevettes) sont importants pour la coloration.

Mode de vie : L'un des rares poissons mangeurs de plancton du lac Malawi, qui vit le plus souvent à proximité d'habitats rocheux. Incubateur buccal femelle qui ne forme pas de couples.

Socialisation : Cichlidés de pleine eau, de sable ou de cavernes du lac Malawi. Pas d'espèces de roches (mbunas), par exemple *Pseudotropheus*.

600 l

Copella arnoldi Characin arroseur

Famille : Chalceus, *Lebiasinidae* (→ page 16).

Caractéristiques : 7 cm, les mâles sont plus grands et ont les nageoires plus longues.

Bac/eau : 60 x 30 x 30 cm, type d'eau 2 à 5, 24 à 29 °C.

Élevage : Un petit nombre de mâles et quelques femelles dans un bac dont la surface a été abaissée à 10 cm environ sous le couvercle. Plantes flottantes et plantes terrestres (lierre) à faire pousser par-dessus.

Mode de vie : Poisson de surface des berges de ruisseaux claires des Guyanes, en Amérique du Sud. Les mâles fraient avec les femelles hors de l'eau, sur les feuilles de plantes terrestres, et arrosent le frai d'eau par en bas.

Socialisation : Compagnon idéal pour les cichlidés nains les plus sensibles (espèces *Apistogramma*).

50 l

Corydoras aeneus Corydora bronze
Aussi : Corydora métallisé
Famille : Callichthyidés, *Callichthyidae* (→ page 9).
Caractéristiques : 6 cm, femelles plus pleines.
Bac/eau : 60 x 30 x 30 cm, type d'eau 2 à 6, 25 à 28 °C.
Élevage : En groupe dans un bac au substrat partiellement sablonneux, à la végétation clairsemée et structuré pour leur permettre de chercher des abris où se reposer. Nourrir individuellement d'aliments fins vivants, congelés et secs.
Mode de vie : Poisson sociable des eaux au sol meuble, présent dans une grande partie de l'Amérique du Sud.
Socialisation : Compagnon idéal pour poissons sud-américains des niveaux d'aquarium moyen et supérieur. Ne pas élever avec des cichlidés dans un petit bac.
Espèce proche : *Rabauti, Corydoras rabauti*, 6 cm.

50 l

Corydoras arcuatus Corydora fuselé
Aussi : Corydora arqué
Famille : Callichthyidés, *Callichthyidae* (→ page 9).
Caractéristiques : 6 cm, femelles plus pleines.
Bac/eau : 60 x 30 x 30 cm, type d'eau 2 à 5, 23 à 28 °C.
Élevage : En groupe dans un bac au substrat partiellement sablonneux, à la végétation peu dense et à la structure permettant aux poissons de chercher des endroits où se reposer. Nourrir – individuellement – d'aliments fins vivants, congelés et secs.
Mode de vie : Poissons sociables des eaux à sol meuble de la haute Amazone péruvienne.
Socialisation : Compagnon idéal pour des poissons sud-américains des niveaux moyen et supérieur de l'aquarium. Éviter les cichlidés dans les petits bacs.
Espèces proches : Corydora à dos noir, *C. metae,* et corydora à diagonale, *C. melini,* tous les deux 5 cm environ.

50 l

Corydoras barbatus Corydora-chabraque
Famille : Callichthyidés, *Callichthyidae* (→ page 9).
Caractéristiques : 12 cm, les femelles plus trapues et plus pleines.
Bac/eau : 120 x 50 x 50 cm, type d'eau 3 à 5, 22 à 26 °C.
Élevage : Très grand corydora qui a besoin d'un sol meuble et dégagé, de quelques abris de plantes, racines ou pierres, mais aussi d'un grand espace de nage libre. Nourrir – individuellement ! – de tous les types de petits à moyens aliments, secs aussi.
Mode de vie : Poisson sociable qui habite le fond meuble des cours d'eau moyens, dans l'est de l'Amérique du Sud.
Socialisation : Compagnon idéal pour poissons sud-américains des niveaux moyens et supérieurs de l'aquarium. S'entend bien aussi avec des cichlidés paisibles.

300 l

Corydoras habrosus

Aussi : *Corydoras cochui*
Famille : Callichthyidés, *Callichthyidae* (→ page 9).
Caractéristiques : 3 cm, les femelles plus trapues et plus pleines.
Bac/eau : 60 x 30 x 30 cm, type d'eau 2 à 6, 24 à 27 °C.
Élevage : Facile à élever, un petit bac au substrat de sable et aux plantations clairsemées suffit. Comme tous les corydoras, il accepte les aliments fins vivants et congelés, mais aussi les comprimés alimentaires. Nourrir individuellement.
Mode de vie : Poisson grégaire très vif. C'est l'un des plus petits corydoras, sa présence est uniquement attestée dans quelques ruisseaux ou cours d'eau vénézuéliens.
Socialisation : Uniquement avec d'autres petits poissons ou des poissons délicats, par exemple de petits tétras ou des loricarias.

50 l

Corydoras hastatus Corydora à croissant

Famille : Callichthyidés, *Callichthyidae* (→ page 9).
Caractéristiques : 3,5 cm, femelles plus pleines et plus grandes.
Bac/eau : 60 x 30 x 30 cm, type d'eau 2 à 6, 25 à 28 °C.
Élevage : En banc dans un bac clair fortement planté. Ne pas en élever moins de 6 à 10. Aliments fins vivants ou congelés (par exemple cyclops ou nauplies d'artémias), mais aussi aliments secs.
Mode de vie : L'un des rares corydoras qui nage souvent et volontiers en pleine eau. Vit dans les petites étendues d'eau herbeuses du Mato Grosso, au Brésil.
Socialisation : Uniquement avec de petits poissons, par exemple corydoras de fond et petits tétras.
Espèce proche : Corydora nain, *Corydoras pygmaeus*, 3 cm.

50 l

Corydoras paleatus Corydora poivre

Famille : Callichthyidés, *Callichthyidae* (→ page 9).
Caractéristiques : 7 cm, femelles plus pleines.
Bac/eau : 80 x 35 x 40 cm, type d'eau 2 à 6, 18 à 23 °C.
Élevage : En groupe dans un bac au substrat partiellement sablonneux et aux plantations clairsemées dont la structure leur permet de trouver des abris où se reposer. Aliments fins vivants, congelés et secs. Il apprécie particulièrement les cyclops congelées et les températures pas trop élevées.
Mode de vie : Poisson sociable des zones sablonneuses des cours d'eau moyens qui forment le bassin du rio de La Plata, en Amérique du Sud.
Socialisation : Compagnon idéal pour les poissons sud-américains des niveaux d'aquarium moyen et supérieur qui n'apprécient pas spécialement l'eau trop chaude.

100 l

Corydoras panda

Famille : Callichthyidés, *Callichthyidae* (→ page 9).
Caractéristiques : 5 cm, les femelles plus pleines.
Bac/eau : 60 x 30 x 30 cm, type d'eau 2 à 6, 23 à 26 °C.
Élevage : En groupe dans un bac au substrat partiellement sablonneux et aux plantes peu denses, structuré pour permettre aux poissons de trouver des lieux de repos. Aliments fins vivants, congelés et secs. Il apprécie particulièrement les cyclops congelées et les températures modérées.
Mode de vie : Poisson sociable qui peuple les eaux sablonneuses des fleuves moyens de l'Amazonie péruvienne.
Socialisation : Idéal avec des poissons sud-américains des niveaux d'aquarium moyen et supérieur. Éviter les cichlidés dans un petit bac.

50 l

Corydoras robineae

Famille : Callichthyidés, *Callichthyidae* (→ page 9).
Caractéristiques : 7 cm, les femelles plus pleines.
Bac/eau : 80 x 35 x 40 cm, type d'eau 2 à 4, 24 à 28 °C.
Élevage : En groupe dans un bac au substrat en partie sablonneux, aux plantations peu denses et à la structure leur permettant d'y chercher des lieux de repos. Aliments fins vivants, congelés et secs. Nourrir individuellement !
Mode de vie : Poisson grégaire des zones sablonneuses d'un affluent du Rio Negro, au Brésil.
Socialisation : Compagnon idéal pour des poissons sud-américains des niveaux central et supérieur de l'aquarium. Ne pas associer à des cichlidés dans un petit bac, à des discus et des scalaires dans un plus grand.

100 l

Corydoras sterbai

Famille : Callichthyidés, *Callichthyidae* (→ page 9).
Caractéristiques : 6 cm, les femelles plus pleines.
Bac/eau : 80 x 35 x 40 cm, type d'eau 2 à 5, 23 à 26 °C.
Élevage : En groupe dans un bac au substrat en partie sablonneux et à la végétation peu dense, structuré pour qu'ils puissent trouver des endroits où se reposer. Comme tous les corydoras, ils apprécient un léger courant. Aliments fins vivants, congelés et secs – nourrir individuellement !
Mode de vie : Poisson très sociable des eaux au fond meuble du rio Guaporé, au Brésil.
Socialisation : Compagnon idéal pour poissons sud-américains des niveaux moyen et supérieur de l'aquarium. Éviter les cichlidés dans les petits bacs.

100 l

Corydoras trilineatus Corydora à trois bandes

Aussi : *Corydoras julii*
Famille : Callichthyidés, *Callichthyidae* (→ page 9).
Caractéristiques : 6 cm, les femelles plus pleines.
Bac/eau : 60 x 30 x 30 cm, type d'eau 2 à 5, 25 à 28 °C.
Élevage : En groupe dans un bac au substrat en partie sablonneux, à la végétation clairsemée et structuré pour permettre aux poissons de se reposer à l'abri. Nourrir d'aliments fins vivants, congelés et secs – individuellement !
Mode de vie : Poissons sociables des eaux au sol meuble de l'Amazonie péruvienne.
Socialisation : Compagnon idéal pour des poissons sud-américains des niveaux central et inférieur de l'aquarium. Éviter les cichlidés dans les petits bacs.

50 l

Corynopoma riisei Corynopoma nain

Famille : Tétra de la famille des *Characidae* (→ page 16).
Caractéristiques : 7 cm, les mâles ont des nageoires hypertrophiées et l'opercule branchial prolongé par un appendice en forme de cuillère.
Bac/eau : 60 x 30 x 30 cm, type d'eau 2 à 5, 24 à 29 °C.
Élevage : Vif poisson qui a besoin d'un grand espace de nage libre, de quelques plantes en bordure de bac et d'un bon courant. En banc. Tous types d'aliments courants.
Mode de vie : Fleuves et ruisseaux côtiers rapides du nord de l'Amérique du Sud et de Trinité. La parade des mâles est intéressante à observer, marquée par des mouvements saccadés de l'appendice branchial devant les femelles.
Socialisation : Petits poissons des niveaux inférieurs de l'aquarium, par exemple cichlidés nains *(Apistogramma)*.

50 l

Crenicichla sp. «*Xingu I*»

Famille : Cichlidés, *Cichlidae* (→ page 10).
Caractéristiques : 40 cm, les femelles adultes ont le ventre rouge, seuls les alevins portent le motif rayé typique.
Bac/eau : 320 x 60 x 60 cm, type d'eau 2 à 4, 27 à 30 °C.
Élevage : Élever un banc de jeunes poissons et donner les sujets en surnombre dès qu'un couple s'est formé. Nourrir de poissons ou de chair de poisson. Séparer les partenaires par une vitre en cas d'agression. Aménager le bac avec des racines, des pierres plates et un fort courant.
Mode de vie : Chasseur des zones rocheuses du rio Xingu, un fleuve amazonien d'eau claire. Incubateur buccal qui forme des couples.
Socialisation : Grands plecos et cichlidés.

1200 l

Crossocheilus oblongus Barbeau à raie noire

Aussi : *Crossocheilus siamensis*
Famille : Cyprinidés, *Cyprinidae* (→ page 16).
Caractéristiques : 15 cm, aucun dimorphisme sexuel connu.
Bac/eau : 120 x 50 x 50 cm, type d'eau 2 à 5, 24 à 28 °C.
Élevage : Excellent mangeur d'algues pour grand aquarium, 3 à 5 dévorent les plus tenaces dans un bac très structuré par des racines et des pierres. Nourrir essentiellement d'aliments secs contenant des plantes sous forme de comprimés.
Mode de vie : Poisson de fond des fleuves d'Asie du Sud-Est où il se nourrit essentiellement d'algues.
Socialisation : Poisson communautaire paisible et robuste qui peut être associé à presque toutes les espèces, même plus petites.

300 l

Cryptoheros nanoluteus Nain jaune

Aussi : *Archocentrus nanoluteus*
Famille : Cichlidés, *Cichlidae* (→ page 10).
Caractéristiques : 11 cm, les femelles grandissent un peu moins.
Bac/eau : 100 x 40 x 40 cm, type d'eau 5 à 6, 24 à 28 °C.
Élevage : Espèce très pacifique qui peut être élevée en couple dans un bac avec quelques plantes à grandes feuilles, une caverne rocheuse et un substrat à grain fin. Tous types de petits aliments courants.
Mode de vie : Uniquement attesté dans un petit système fluvial de Panama. Pondeur sur substrat caché qui forme des couples.
Socialisation : Avec un groupe de cyprinodontes vivipares bons nageurs, par exemple des poecillas tricolores.
Espèce proche : *Cryptoheros altoflavus*, 11 cm.

150 l

Cryptoheros nigrofasciatus Cichlidé-bagnard

Aussi : Cichlidé-zèbre, nigro, *Archocentrus nigrofasciatus*, *Cichlasoma nigrofasciatum*
Famille : Cichlidés, *Cichlidae* (→ page 10).
Caractéristiques : 15 cm, femelles plus petites et plus colorées.
Bac/eau : 100 x 50 x 50 cm, type d'eau 5 à 6, 23 à 27 °C.
Élevage : Espèce facile à élever pour bac à substrat de gravier fin et aménagement très structuré comportant une caverne rocheuse. Tous types d'aliments courants.
Mode de vie : Originaire d'Amérique centrale où on le trouve dans des biotopes très divers. Pondeur sur substrat caché qui forme des couples.
Socialisation : Cyprinodontes vivipares vifs et mobiles, p. ex. porte-épées *(Xiphophorus helleri)*.
Espèce proche : *Cryptoheros septemfasciatus,* 12 cm.

250 l

Cryptoheros sajica Sajica

Aussi : *Cichlasoma sajica, Archocentrus sajica*
Famille : Cichlidés, *Cichlidae* (→ page 10).
Caractéristiques : 11 cm, les mâles plus grands aux nageoires plus longues.
Bac/eau : 100 x 40 x 40 cm, type d'eau 5 à 6, 24 à 28 °C.
Élevage : En couple dans un bac très structuré, avec des racines et des pierres éventuellement garnies de plantes à grandes feuilles, ainsi qu'une grotte comme repaire central. Tous types d'aliments courants.
Mode de vie : Rivières et ruisseaux du Costa Rica au courant léger et au fond de fin gravier. Essentiellement végétarien. Pondeur sur substrat caché, forme des couples.
Socialisation : Avec un groupe de cyprinodontes vivipares, par exemple des platys ou des porte-épées.

150 l

Ctenopoma acutirostre Cténopoma-léopard

Famille : Anabas ou poissons grimpeurs, *Anabantidae* (→ page 16).
Caractéristiques : 15 cm, mâles avec des épines derrière les yeux.
Bac/eau : 120 x 50 x 50 cm, type d'eau 2 à 5, 25 à 28 °C.
Élevage : En groupe dans un bac spacieux aménagé en partie avec des plantes à grandes feuilles denses et un entrelacs de racines. Nourrir de poissons vivants et morts, de gros insectes ou de bâtonnets pour cichlidés.
Mode de vie : Prédateur qui chasse à l'affût parmi le bois, dans les fleuves et lacs du bassin du Congo. Il aspire ses proies d'un seul coup avec sa bouche télescopique.
Socialisation : Uniquement avec des espèces plus grandes, par exemple tétras du Congo ou grands poissons-chats.
Espèce proche : Cténopoma de Kingsley ou perche grimpeuse, *Ctenopoma kingsleyae*, 25 cm.

300 l

Cyathopharynx furcifer Furcifer

Famille : Cichlidés, *Cichlidae* (→ page 10).
Caractéristiques : 21 cm, femelles plus petites et incolores.
Bac/eau : 200 x 60 x 60 cm, type d'eau 5 à 6, 25 à 27 °C.
Élevage : Un mâle et plusieurs femelles dans un bac peu rocheux, avec un vaste espace de nage et un sol de sable. Tous types d'aliments courants, y compris artémias.
Mode de vie : Habitant de la zone intermédiaire entre les zones sablonneuse et rocheuse du lac Tanganyika où il se nourrit de petites particules pêchées en pleine eau ou à la surface des rochers. Incubateur buccal femelle ne formant pas de couples.
Socialisation : Dans un grand bac avec des *Cyprichromis* et des bossus du Tanganyika.
Espèce proche : Le cichlidé à palettes, *Ophthalmotilapia ventralis*, 15 cm.

700 l

Cyphotilapia frontosa Frontosa

Aussi : Bossu du Tanganyika
Famille : Cichlidés, *Cichlidae* (→ page 10).
Caractéristiques : 33 cm, les mâles ont les nageoires plus longues.
Bac/eau : 200 x 60 x 60 cm, type d'eau 5 à 6, 25 à 27 °C.
Élevage : Espèce paisible dont 2 mâles sont à élever avec plusieurs femelles dans un bac pourvu de quelques cavités spacieuses. Nourrir de crevettes et poisson congelé.
Mode de vie : Piscivore du lac Tanganyika, il se nourrit essentiellement de petits cichlidés qui dorment la nuit (par exemple *Cyprichromis*). Forme parfois des groupes. Incubateur buccal femelle ne formant pas de couples.
Socialisation : Grands cichlidés du lac Tanganyika (par exemple *Cyathopharynx*) et coucous du Tanganyika.

700 l

Cyprichromis leptosoma Fée du Tanganyika

Aussi : Blue flash
Famille : Cichlidés, *Cichlidae* (→ page 10).
Caractéristiques : 12 cm, les mâles plus grands et colorés.
Bac/eau : 120 x 50 x 50 cm, type d'eau 5 à 6, 25 à 27 °C.
Élevage : À part un sol de sable, aucun aménagement particulier n'est nécessaire. Élever un ou un grand nombre de mâles avec plusieurs femelles. Nourrir d'aliments contenant des petites crevettes (artémias, cyclops, etc.).
Mode de vie : Poisson de pleine eau qui se nourrit exclusivement de plancton, notamment de petites crevettes de type cyclops. Incubateur buccal femelle, ne forme pas de couples.
Socialisation : Cichlidés de sable, par exemple *Enantiopus*.
Espèce proche : Paon du Tanganyika, *Cyprichromis pavo*, 12 cm.

300 l

Cyrtocara moorii Dauphin bleu du Malawi

Famille : Cichlidés, *Cichlidae* (→ page 10).
Caractéristiques : 20 cm, le mâle est d'un bleu plus intense.
Bac/eau : 200 x 60 x 60 cm, type d'eau 5 à 6, 25 à 27 °C.
Élevage : Un ou un grand nombre de mâles et plusieurs femelles dans un bac avec beaucoup d'espace de nage libre sur des surfaces sablonneuses et quelques roches à l'arrière-plan. Tous types d'aliments courants, surtout congelés (p. ex. artémias adultes, larves de moustiques).
Mode de vie : Sols sablonneux et boueux du lac Malawi. Incubateur buccal femelle ne formant pas de couples.
Socialisation : Poisson communautaire calme et imposant pour les bacs du lac Malawi sans espèces de roches, à associer par exemple à des *Copadichromis*.

700 l

Danio albolineatus Danio perlé

Aussi : Danio arc-en-ciel, *Brachydanio albolineatus*
Famille : Cyprinidés, *Cyprinidae* (→ page 16).
Caractéristiques : 5,5 cm, les femelles plus pleines.
Bac/eau : 80 x 35 x 40 cm, type d'eau 2 à 6, 22 à 26°C.
Élevage : Dans un bac avec du courant, du gravier et un éclairage pas trop intense pour mettre en valeur ses couleurs chatoyantes. Tous types d'aliments courants.
Mode de vie : Poisson de surface vif et agile qui chasse les insectes dans les ruisseaux au cours rapide d'Asie du Sud-Est.
Socialisation : Idéal avec des poissons de fond des ruisseaux asiatiques, p. ex. des loches de rivière *(Schistura, Nemacheilus)* ou des loches ponctuées *(Gastromyzon)*.
Espèce proche : Danio bleu, *Danio kerri*, 5 cm.

100 l

Danio rerio Poisson-zèbre

Aussi : Danio rayé, *Brachydanio rerio*
Famille : Cyprinidés, *Cyprinidae* (→ page 16).
Caractéristiques : 6 cm environ, les mâles plus minces.
Bac/eau : 80 x 35 x 40 cm, type d'eau 2 à 6, 23 à 27°C.
Élevage : En banc dans un aquarium clair et allongé, à fort courant et substrat de gravier semé de quelques pierres isolées. Tous types d'aliments courants.
Mode de vie : Poisson très vif et grand nageur des ruisseaux clairs du Nord de l'Inde.
Socialisation : Idéal avec des poissons de fond des ruisseaux asiatiques, par exemple des loches de rivière *(Schistura, Nemacheilus)* ou des loches ponctuées *(Gastromyzon)*.
Espèce proche : Danio à nageoires orangées, *Danio kyatith*, 5 cm.

100 l

Datnioides microlepis Perche-tigre

Aussi : *Coius microlepis*
Famille : *Datnioididae* (→ page 13).
Caractéristiques : 45 cm, sexes peu différenciés.
Bac/eau : 320 x 70 x 70 cm, type d'eau 4 à 6, 24 à 28°C.
Élevage : Poisson calme à élever de préférence en groupe qui se sent bien dans les bacs très structurés par des racines. Aliments consistants vivants et congelés (crevettes, insectes, poissons).
Mode de vie : Prédateur des fleuves, lacs et forêts des zones de débordement aux nombreuses branches immergées d'Asie du Sud-Est. Espèce protégée en Thaïlande.
Socialisation : Uniquement avec d'autres grands poissons, par exemple arowanas *(Scleropages)* et poissons-couteaux *(Chitala)*.

1500 l

Dermogenys pusilla Demi-bec

Aussi : Dermogenys, *Dermogenys pusillus*
Famille : Demi-becs, *Hemirhamphidae* (→ page 18).
Caractéristiques : 8 cm, nageoires colorées chez le mâle.
Bac/eau : 80 x 35 x 40 cm, type d'eau 5 à 6, 24 à 28 °C.
Élevage : En groupe (un mâle pour plusieurs femelles dans les petits bacs) dans un bac à léger (!) courant de surface et plantations peu denses en bordure. Nourrir uniquement d'insectes (larves de moustiques noires, drosophiles). Les mâles sont violents entre eux.
Mode de vie : Poisson de surface insectivore des eaux côtières peu profondes d'Asie du Sud-Est. Vit aussi en eau saumâtre.
Socialisation : Petits poissons asiatiques d'eau saumâtre, par exemple poissons-abeilles et perches de verre.

100 l

Devario aequipinnatus Danio géant

Aussi : *Danio aequipinnatus*
Famille : Cyprinidés, *Cyprinidae* (→ page 16).
Caractéristiques : 10 cm, les femelles plus pleines.
Bac/eau : 120 x 40 x 50 cm, type d'eau 2 à 6, 24 à 27 °C.
Élevage : Espèce de surface pour grand bac clair avec un espace de nage suffisant. Tous types d'aliments courants, apprécie particulièrement les petits insectes volants. Élever au moins 6 à 8 sujets.
Mode de vie : Poisson sociable amateur de courant des ruisseaux et fleuves d'Inde et du Sri Lanka. Se nourrit d'insectes.
Socialisation : Idéal avec des poissons de fond des ruisseaux d'Asie, par exemple loches de rivière *(Schistura, Nemacheilus)* ou loches ponctuées *(Gastromyzon)*.

250 l

Dianema urostriatum Silure à bandes noires

Aussi : *Dianema urostriata*
Famille : Callichthyidés, *Callichthyidae* (→ page 9).
Caractéristiques : 10 cm, les femelles plus grandes et plus pleines.
Bac/eau : 100 x 50 x 50 cm, type d'eau 2 à 5, 25 à 28 °C.
Élevage : En groupe de 6 environ dans un bac sombre aux multiples cachettes et plantes flottantes. Aliments vivants, congelés et secs.
Mode de vie : Espèce grégaire qui, comme tous les callichthyidés, peut respirer l'oxygène de l'air par son intestin. Courant dans les mares d'eau résiduelle du Rio Negro, autour de Manaus (Brésil).
Socialisation : Poissons calmes de la même région, par exemple scalaires, discus ou corydoras.
Espèce proche : *Dianema longibarbis*, 9 cm.

250 l

Dicrossus filamentosus Cichlidé nain à damier

Famille : Cichlidés, *Cichlidae* (→ page 10).
Caractéristiques : 9 cm, le mâle a des nageoires à longs pans.
Bac/eau : 100 x 40 x 40 cm, type d'eau 1 à 2, 27 à 30°C.
Élevage : Bac en partie densément planté, mais avec un espace de nage libre sur des surfaces de sable ou de gravier fin. Un mâle pour 2 ou 3 femelles. Fins aliments vivants, congelés et secs.
Mode de vie : Eaux peu profondes, claires et noires, du bassin du Rio Negro (Amazonie), forme des harems et pond sur substrat découvert.
Socialisation : Cardinalis, avec lequel il cohabite aussi dans la nature.
Espèce proche : *Dicrossus maculatus*, 10 cm (type d'eau 2 à 4).

150 l

Distichodus sexfasciatus Distichodus-zèbre

Famille : Citharinidés, *Citharinidae* (→ page 16).
Caractéristiques : 25 cm ou plus, un rapport parle de 50 cm. Les dimorphismes sexuels sont difficiles à repérer. La belle coloration des jeunes pâlit avec l'âge.
Bac/eau : À partir de 250 x 60 x 60 cm, type d'eau 2 à 5, 25 à 28°C.
Élevage : Uniquement dans un grand aquarium sans plantes structuré par des racines. Il a besoin d'aliments verts en grandes quantités et d'un grand filtre du fait de sa digestion importante. Élever en groupe.
Mode de vie : Mange les fruits et les plantes des grands fleuves du bassin du Congo, on le trouve aussi dans le lac Tanganyika.
Socialisation : Grands poissons africains.
Espèces proches : *D. notospilus*, 20 cm et *D. lusosso*, 38 cm.

900 l

Dysichthys coracoideus Banjo

Aussi : *Bunocephalus bicolor*.
Famille : Poissons-chats banjos, *Aspredinidae* (→ page 9).
Caractéristiques : 12 cm, les femelles plus pleines.
Bac/eau : 60 x 30 x 30 cm, type d'eau 2 à 5, 25 à 28°C.
Élevage : Un bac relativement petit suffit pour ces poissons mous et indolents. Le substrat de sable ou de feuilles mortes est important car ils aiment s'y enfouir. Nourrir de vers et de petits aliments vivants.
Mode de vie : Dans les feuilles mortes entassées ou le sable des eaux calmes d'Amazonie. Mue de temps en temps.
Socialisation : Uniquement avec des poissons de taille moyenne du niveau central du bac, les petits risquent d'être dévorés.
Espèce proche : *Dysichthys knerii*, 15 cm.

50 l

Eigenmannia sp. Poisson-couteau vert

Aussi : Poisson-couteau de verre, *Eigenmannia lineata*, *Eigenmannia virescens*
Famille : Anguille électrique, *Sternopygidae* (→ page 8).
Caractéristiques : 35 à 45 cm selon les espèces, les mâles sont nettement plus grands, les femelles ont un plus gros ventre.
Bac/eau : 250 x 60 x 60 cm, type d'eau 2 à 5, 25 à 29 °C.

900 l

Élevage : Poisson grégaire : un mâle pour 4 ou 5 femelles dans un bac spacieux couvert de plantes flottantes (par exemple des molucelles dans les bacs très éclairés). Nourrir de larves de moustiques vivantes et congelées.
Mode de vie : Espèces grégaires qui vivent sous les «prairies flottantes» (eaux couvertes de plantes flottantes) d'Amérique du Sud. Ils communiquent au moyen de signaux électriques.
Socialisation : Poissons de fond calmes d'Amérique du Sud.

Enantiopus melanogenys

Famille : Cichlidés, *Cichlidae* (→ page 10).
Caractéristiques : 15 cm, le mâle est plus coloré pendant la parade nuptiale.
Bac/eau : 120 x 60 x 50 cm, type d'eau 5 à 6, 25 à 27 °C.
Élevage : Bac spacieux au sol sablonneux sans aucun autre aménagement. Repas variés de divers aliments fins congelés et secs.

350 l

Élever en groupe de 7 environ, dont 2 ou 3 mâles.
Mode de vie : En bancs sur le sol de sable du lac Tanganyika. Les mâles prennent couleur et creusent des zones de parade dans le sable au moment du frai. Incubateur buccal femelle ne formant pas de couple.
Socialisation : Cichlidés *Cyprichromis*.
Espèce proche : *Enantiopus sp.* «*Kilesa*», 15 cm.

Enneacampus ansorgii Syngnathe d'eau douce

Famille : Aiguilles de mer, *Syngnathidae* (→ page 20).
Caractéristiques : 14 cm, les mâles sont plus colorés et portent une poche incubatrice allongée le long du ventre.
Bac/eau : 60 x 30 x 30 cm, type d'eau 5 à 7, 24 à 28 °C.
Élevage : En grand groupe dans un aquarium partiellement planté d'une végétation dense. Nourrir exclusivement (!) de

50 l

proies vivantes (artémias, cyclops, larves de moustiques blanches).
Mode de vie : Habite les ruisseaux clairs, riches en plantes ou en cachettes, de la côte d'Afrique occidentale et centrale. Se nourrit de larves d'insectes et d'autres petits animaux.
Socialisation : N'associer en aucun cas à d'autres poissons qui se verraient sinon privés de nourriture.

Epalzeorhynchus bicolor Labéo à queue rouge

Aussi : *Labeo bicolor*
Famille : Cyprinidés, *Cyprinidae* (→ page 16).
Caractéristiques : 15 cm, les mâles adultes sont plus minces.
Bac/eau : 120 x 50 x 50 cm, type d'eau 2 à 6, 23 à 28 °C.
Élevage : Espèce territoriale, ne peut être élevée à plusieurs que dans un très grand bac maintenu dans l'obscurité et avec des abris. Tous types de petits aliments, surtout végétaux.
Mode de vie : Broute les pierres et les racines des grands cours d'eau de Thaïlande avec sa bouche fendue vers le bas.
Socialisation : En raison de son agressivité, uniquement avec des espèces très mobiles ou qui peuvent se défendre, p. ex. de grands barbeaux.
Espèce proche : Labéo vert, *E. cf. frenatus*, 12 cm.

300 l

Epiplatys annulatus Killi-clown

Aussi : *Pseudepiplatys annulatus*
Famille : Épiplatys, famille des *Aplocheilidae* (→ page 19).
Caractéristiques : 4,5 cm, nageoire caudale colorée chez le mâle.
Bac/eau : 60 x 30 x 30 cm, type d'eau 2 à 4, 26 à 28 °C.
Élevage : Un mâle et plusieurs femelles dans un bac à la végétation dense couvert de plantes flottantes. Aliments secs et fins aliments vivants.
Mode de vie : Poisson de surface insectivore des eaux marécageuses claires à la riche végétation d'Afrique occidentale.
Socialisation : Bon poisson communautaire pour de petits poissons africains des niveaux inférieurs et moyen du bac, par exemple des cichlidés nains *(Pelvicachromis)*, des poissons-crayons ou des barbus à stries bleues.

50 l

Epiplatys dageti Épiplatys rayé

Famille : Épiplaty de la famille des *Aplocheilidae* (→ page 19).
Caractéristiques : 6 cm, les mâles plus grands et plus colorés.
Bac/eau : 60 x 30 x 30 cm, type d'eau 2 à 5, 23 à 26 °C.
Élevage : Aquarium planté et partiellement couvert de plantes flottantes. Nourrir d'insectes, d'autres petits aliments vivants et d'aliments secs. Élever plusieurs mâles et beaucoup de femelles.
Mode de vie : Poisson de surface insectivore des eaux à la végétation parfois très riche de la dépression côtière marécageuse, au Liberia et en Côte d'Ivoire.
Socialisation : Compagnon idéal pour des cichlidés nains d'Afrique occidentale (par exemple *Pelvicachromis*), des petits tétras (par exemple *Neolebias*) et des barbeaux.

50 l

Epiplatys sexfasciatus Épiplatys à six bandes

Aussi : *Epiplatys infrafasciatus*
Famille : Épiplatys, famille des *Aplocheilidae* (→ page 19).
Caractéristiques : 10 cm, mâles plus colorés et plus grands.
Bac/eau : 80 x 35 x 40 cm, type d'eau 2 à 4, 23 à 28°C.
Élevage : Un mâle pour plusieurs femelles dans un bac pas trop clair et partiellement structuré à proximité de la surface par des plantes flottantes ou des racines. Nourrir d'insectes, de larves de moustiques et éventuellement aussi d'aliments secs.
Mode de vie : Poisson de surface insectivore des ruisseaux des basses terres de la forêt équatoriale du Cameroun et du Nigeria.
Socialisation : Robuste poisson communautaire à associer avec des cichlidés nains africains, des barbeaux et des tétras.
Espèce proche : *Epiplatys fasciolatus*, 9 cm.

100 l

Eretmodus cyanostictus Clown du Tanganyika

Aussi : Cichlidé-gobie
Famille : Cichlidés, *Cichlidae* (→ page 10).
Caractéristiques : 10 cm, sexes peu différenciés.
Bac/eau : 100 x 40 x 40 cm, type d'eau 5 à 6, 25 à 27°C.
Élevage : En couple dans un bac fortement éclairé et aménagé avec des rochers et du gravier, si possible avec du courant. Nourrir exclusivement de produits riches en fibres (mélanges aux crevettes, aliments secs contenant de l'algue spiruline).
Mode de vie : Incubateur buccal, forme des couples dans les éboulis rocheux de la zone de ressac du lac Tanganyika. Mangeur d'algues.
Socialisation : S'entend bien avec les espèces *Tropheus*, mais éviter celles qui nécessitent un autre régime alimentaire car il ne tolère que les aliments riches en fibres.
Espèce proche : *Tanganicodus irascae*, 7 cm.

150 l

Erpetoichthys calabaricus Poisson-roseau

Aussi : *Calamoichthys calabaricus*
Famille : Polyptéridés, *Polypteridae* (→ page 6).
Caractéristiques : 37 cm, nageoire anale plus grande chez le mâle. Une taille de 90 cm est souvent indiquée à tort.
Bac/eau : 80 x 40 x 40 cm, type d'eau 2 à 5, 26 à 29°C.
Élevage : Poisson grégaire pour bac à la plantation dense, aux nombreuses cachettes et sans courant. Aliments congelés (artémias adultes, crevettes, insectes). Attention, certains sujets refusent de s'alimenter : les faire nourrir avant l'achat.
Mode de vie : Habitant des marais, dans les basses terres côtières du Nigeria au Congo. Se nourrit essentiellement de crevettes.
Socialisation : Grands poissons d'Afrique occidentale : poissons-chats, poissons-couteaux, tétras.

120 l

Etroplus maculatus Cichlidé des Indes

Famille : Cichlidés, *Cichlidae* (→ page 10).
Caractéristiques : 8 cm, sexes peu différenciés.
Bac/eau : 80 x 35 x 40 cm, type d'eau 6 à 7, 26 à 29 °C.
Élevage : Espèce à élever simplement en couple dans un bac au substrat de sable ou de gravier, avec des plantes aquatiques robustes (par exemple vallisnéries) et des cailloux. Tous types d'aliments courants. Sensible et sujet aux maladies dans l'eau douce.
Mode de vie : Berges peu profondes des eaux dormantes du Sud de l'Inde et du Sri Lanka, souvent aussi dans l'eau saumâtre. Pondeur sur substrat découvert qui forme des couples et dont les femelles grandissent parfois plus que les mâles.
Socialisation : Poissons asiatiques d'eau saumâtre, par exemple poissons-archers ou demi-becs *Dermogenys*.

100 l

Farlowella sp.

Famille : Plecos, *Loricariidae* (→ page 9).
Caractéristiques : 15 à 25 cm, les mâles ont une « barbe ».
Bac/eau : 80 x 35 x 40 cm, type d'eau 2 à 5, 25 à 28 °C.
Élevage : En couple dans un bac aux nombreuses racines. Les mâles se repoussent mutuellement de la nourriture et celui qui a le dessous finit par mourir. Repas quotidiens d'aliments végétaux, de comprimés alimentaires et d'aliments animaux congelés (par exemple cyclops).
Mode de vie : Ils vivent sur les petites branches et les bâtons flottant à proximité de la rive dans les rivières amazoniennes, parfaitement camouflés par la forme de leur corps. Ils se nourrissent d'algues et de petits animaux qui en peuplent le tapis.
Socialisation : Uniquement avec de très petits poissons qui ne leur font pas concurrence pour les repas, par exemple des néons.

100 l

Fundulopanchax gardneri Aphyo bleu acier

Aussi : Aphyo du Niger, *Aphyosemion gardneri*
Famille : Aphyos, *Aplocheilidae* (→ page 19).
Caractéristiques : 7 cm, les mâles plus colorés et plus grands.
Bac/eau : 60 x 30 x 30 cm, type d'eau 2 à 4, 23 à 27 °C.
Élevage : Un mâle pour plusieurs femelles dans un petit bac maintenu dans l'obscurité. Dans un plus grand bac, de petites racines et des groupes de plantes leur procurent des cachettes si plusieurs mâles sont élevés ensemble.
Mode de vie : Se nourrit d'insectes et habite les zones de berges, extrêmement peu profondes, de minuscules ruisseaux de la forêt équatoriale et de la savane, au Cameroun et au Nigeria. Les mâles défendent leurs repaires.
Socialisation : Épiplatys, barbeaux africains (par exemple *Barbus barilioides*), procatopys.

50 l

Fundulopanchax sjoestedti Aphyo bleu

Aussi : *Aphyosemion sjoestedti*
Famille : Aphyo de la famille des *Aplocheilidae* (→ page 18).
Caractéristiques : 9 à 14 cm, les mâles beaucoup plus colorés.
Bac/eau : 80 x 30 x 30 cm, type d'eau 2 à 4, 23 à 27 °C.
Élevage : Un mâle et plusieurs femelles dans un bac sombre partiellement planté d'une végétation dense. Racines pour donner des possibilités de retraite aux femelles souvent harcelées. Repas consistants d'aliments vivants.
Mode de vie : Eaux marécageuses et partiellement asséchées (selon la saison) de la dépression côtière à l'ouest du Cameroun. Seuls les œufs survivent à l'assèchement et éclosent à la saison des pluies suivante.
Socialisation : À élever de préférence seul.

100 l

Gasteropelecus sternicla Poisson-hachette argenté

Famille : Poissons-hachettes, *Gasteropelecidae* (→ page 16).
Caractéristiques : 6 cm, mâles plus pleins au moment du frai.
Bac/eau : 100 x 40 x 40 cm, type d'eau 2 à 5, 25 à 28 °C.
Élevage : Bac spacieux à léger (!) courant de surface et si possible quelques plantes flottantes. Nourrir d'insectes (mouches du vinaigre, larves de moustiques noires) et d'aliments secs après les y avoir habitués progressivement. Élever au moins 6 poissons.
Mode de vie : Poisson de surface des ruisseaux et marécages d'Amazonie. Vit en groupes juste sous la surface de l'eau et se nourrit essentiellement de petits insectes. Peut « voler » sur de courtes distances au-dessus de l'eau pour prendre la fuite.
Socialisation : Tous les poissons petits à moyens des niveaux moyen et inférieur de l'aquarium.

150 l

Gastromyzon sp. Loche ponctuée

Aussi : Loche-ventouse, pleco-papillon, *Gastromyzon punctulatus, Gastromyzon borneensis*
Famille : Loche de rivière, famille des *Balitoridae* (→ page 17).
Caractéristiques : 6 cm, les mâles ont parfois les nageoires dorsales plus colorées.
Bac/eau : 60 x 30 x 30 cm, type d'eau 2 à 5, 22 à 25 °C.
Élevage : À plusieurs dans un bac aménagé avec du gravier et un fort éclairage. Malgré leur bouche en ventouse, ils ne mangent pas les algues et doivent être nourris de comprimés alimentaires et d'aliments fins congelés (cyclops).
Mode de vie : Torrents de Bornéo, où chacun défend sa place.
Socialisation : Petits rasboras, par exemple *Danio*.
Espèce proche : Loche-papillon ou pleco-papillon, *Pseudogastromyzon cheni*, 6 cm.

50 l

Geophagus cf. altifrons Perle du Suriname

Aussi : *Geophagus surinamensis*
Famille : Cichlidés, *Cichlidae* (→ page 10).
Caractéristiques : 25 cm, nageoires des mâles plus longues.
Bac/eau : 150 x 60 x 60 cm, type d'eau 2 à 5, 27 à 30 °C.
Élevage : 6 à 8 dans un bac au sol de sable, peu structuré et uniquement à l'arrière-plan. Plantes résistantes. Tous types d'aliments courants.

500 l

Mode de vie : Zones sablonneuses, boueuses, caillouteuses ou rocheuses des grands fleuves d'Amazonie (souvent à proximité de dépôts ligneux). Incubateur buccal qui forme généralement des couples.
Socialisation : S'entend bien avec les pacus, les plecos et les grands cichlidés calmes, par exemple *Heros*.
Espèce proche : *Geophagus proximus,* 25 cm.

Glossolepis incisus Arc-en-ciel rouge de Guinée

Aussi : Arc-en-ciel saumon
Famille : Poissons-arcs-en-ciel, *Melanotaeniidae* (→ page 18).
Caractéristiques : 15 cm, les mâles sont rouges.
Bac/eau : 150 x 60 x 60 cm, type d'eau 4 à 6, 22 à 25 °C.
Élevage : Grand bac à éclairage vif et à végétation peu dense, avec un espace de nage libre et des coussins de mousse de Java. Nourrir d'aliments fins à moyens vivants et secs. Les températures basses (22 °C) intensifient la coloration rouge des mâles.

550 l

Mode de vie : Vit en bancs à proximité d'épaisse végétation dans le lac Sentani (partie indonésienne de la Nouvelle-Guinée).
Socialisation : Grands goujons, mais aussi barbeaux, tétras, cichlidés pacifiques et silures.
Espèce proche : Arc-en-ciel du lac Wanam, *Glossolepis wanamensis,* 13 cm.

Glyptoperichthys gibbiceps Pleco royal

Aussi : Pleco-léopard, pleco-voile, lave-vitres, *Pterogoplichthys gibbiceps*
Famille : Plecos, *Loricariidae* (→ page 9).
Caractéristiques : 50 cm maximum, les mâles sont plus minces.
Bac/eau : 320 x 70 x 70 cm, type d'eau 2 à 6, 25 à 30 °C.
Élevage : Seul ou en troupe dans un aquarium comportant une cachette tubulaire pour chacun. Prévoir des racines comme apport de fibres et des aliments verts ou en granulés.

1500 l

Mode de vie : Espèce sociable à activité nocturne et crépusculaire qui peut survivre dans les mares d'eau résiduelle les plus chaudes et les moins oxygénées grâce à son système respiratoire auxiliaire par l'intestin. Originaire du bassin brésilien de l'Amazone.
Socialisation : Espèce paisible qui peut être élevée avec tous les petits poissons.

Gnathonemus petersii Poisson-éléphant

Aussi : Aba
Famille : Poissons-éléphants, *Mormyridae* (→ page 6).
Caractéristiques : 35 cm, nageoire anale concave chez le mâle.
Bac/eau : 120 x 50 x 50 cm (pour solitaires), à partir de 200 cm en groupe, type d'eau 2 à 5, 24 à 28 °C.
Élevage : À élever seul dans un petit bac ou en groupe dans un plus grand. Maintenir l'aquarium dans l'obscurité et veiller à ce que chaque sujet dispose de son abri propre. Nourrir le soir de vers vivants et de larves de moustiques rouges.
Mode de vie : Poisson majoritairement nocturne des fleuves au sol meuble d'Afrique centrale. Se repère et communique par des signaux électriques. Souvent agressif envers ses congénères.
Socialisation : Uniquement avec de petits poissons qui ne le privent pas de nourriture. Pas de cichlidés !

300 l

Gymnocorymbus ternetzi Veuve noire

Aussi : Tétra noir
Famille : Tétra de la famille des *Characidae* (→ page 16).
Caractéristiques : 6 cm, les mâles plus petits et plus minces. La coloration noir de laque perd de son intensité avec l'âge et cède la place à un gris sombre.
Bac/eau : 80 x 35 x 40 cm, type d'eau 2 à 6, 23 à 28 °C.
Élevage : Espèce peu exigeante et tranquille pour élevage en groupe (au moins 6 à 8 poissons) dans un bac communautaire peu planté et pas trop éclairé. Tous types de petits aliments.
Mode de vie : Forme des bancs dans les cours d'eau ombragés et calmes du système du rio Paraguay, dans le Sud du Brésil.
Socialisation : De préférence avec des cichlidés nains robustes, des corydoras et d'autres tétras.

100 l

Gyrinocheilus aymonieri Gyrino

Famille : Loches-ventouses, *Gyrinocheilidae* (→ page 17).
Caractéristiques : 27 cm, les mâles grandissent moins.
Bac/eau : 200 x 50 x 50 cm, type d'eau 2 à 6, 24 à 28 °C.
Élevage : Grand bac fortement éclairé à courant vif, substrat de gros cailloux et possibilités de retraite à l'abri de pierres plates. Alimentation végétale (par exemple feuilles de salade, rondelles de concombre) et produits secs «verts». En groupe (6 ou plus) ou seul.
Mode de vie : Mangeur d'algues qu'il «râpe» des cailloux dans les zones à fort courant des ruisseaux thaïlandais. Les solitaires âgés sont parfois agressifs.
Socialisation : Vifs barbeaux asiatiques (par exemple *Puntius fasciatus*) ou rasboras (par exemple espèces *Devario*).

500 l

Hasemania nana Tétra cuivré

Aussi : *Hemigrammus nanus*
Famille : Tétra de la famille des *Characidae* (→ page 16).
Caractéristiques : 5 cm, les femelles plus pâles et plus pleines.
Bac/eau : 60 x 30 x 30 cm, type d'eau 2 à 6, 23 à 27 °C.
Élevage : Pas moins de 6 à 8 poissons dans un aquarium sombre et pas trop planté, veiller à laisser un espace de nage suffisant au premier plan. Tous types de petits aliments.
Mode de vie : Vit en bancs dans les ruisseaux d'eau noire de l'Est du Brésil, hors du territoire amazonien.
Socialisation : Cichlidés nains, petits corydoras et plecos, ou petits tétras qui occupent les niveaux supérieurs du bac (par exemple characin arroseur).

50 l

Helostoma temminckii Gourami embrasseur

Famille : Gouramis embrasseurs, *Helostomatidae* (→ page 15).
Caractéristiques : 25 cm, sexes peu différenciés.
Bac/eau : 250 x 60 x 60 cm, type d'eau 3 à 5, 24 à 29 °C.
Élevage : Exclusivement dans un grand bac bien éclairé à la végétation pas trop dense. Nourrir d'aliments secs de qualité supérieure réduits en poudre (y compris les flocons verts).
Mode de vie : Poisson sociable qui vit en groupes dans les eaux dormantes ou à cours lent d'Asie du Sud-Est où il se nourrit de minuscules particules. L'« embrassade » semble être un comportement de combat ritualisé par lequel les adversaires se poussent l'un l'autre.
Socialisation : Toutes espèces de poissons calmes sans agressivité, par exemple des silures et des loches franches.

900 l

Hemichromis sp. Cichlidé-joyau

Aussi : Acara rouge, *H. bimaculatus, H. lifalili, H. guttatus*
Famille : Cichlidés, *Cichlidae* (→ page 10).
Caractéristiques : 8 à 11 cm selon les espèces, les mâles sont toujours plus grands.
Bac/eau : 100 x 40 x 40 cm, type d'eau 2 à 6, 24 à 29 °C.
Élevage : En couple dans un bac aménagé avec de grandes plantes feuillues et des racines dispersées. Ajouter un peu de gravier. Tous types d'aliments courants.
Mode de vie : Le plus souvent dans les eaux dormantes et au cours lent d'Afrique occidentale et centrale, où il se nourrit essentiellement de larves d'insectes. Pondeur sur substrat découvert, forme des couples.
Socialisation : Très agressif envers tous les autres poissons une fois que le couple est formé, mieux vaut donc éviter toute cohabitation.

150 l

Hemigrammus bleheri Nez rouge

Famille : Tétra de la famille des *Characidae* (→ page 16).
Caractéristiques : 4,5 cm, les femelles plus pleines.
Bac/eau : 80 x 35 x 40 cm, type d'eau 1 à 3, 22 à 26°C.
Élevage : En banc (au moins 10 poissons) et en respectant les indispensables (!) paramètres de l'eau, c'est un poisson d'aquarium résistant pour bacs sombres peu plantés et au courant léger. Tous types de petits aliments courants.
Mode de vie : Poisson extrêmement vif qui forme des bancs dans les ruisseaux d'eau claire et noire du Rio Negro, en Amazonie.
Socialisation : Compagnon idéal pour cichlidés nains et discus dans les grands bacs de plus de 100 cm.
Espèce proche : *Hemigrammus rhodostomus*, 5 cm.

150 l

Hemigrammus caudovittatus Tétra à losange

Aussi : Tétra de Buenos Aires
Famille : Tétra de la famille des *Characidae* (→ page 16).
Caractéristiques : 7 cm, femelles moins colorées et plus pleines.
Bac/eau : 100 x 40 x 40 cm, type d'eau 2 à 6, 20 à 24°C.
Élevage : Robuste poisson et bon nageur qui se sent bien dans tous les aquariums, tant que l'espace de nage libre est suffisant et que les plantes sont robustes – il mange les pousses tendres des plantes aquatiques. Aliments secs à base de plantes. Élever en banc.
Mode de vie : Mares à riche végétation des bassins fluviaux du Paraná et de l'Uruguay, en Amérique du Sud.
Socialisation : Suffisamment robuste pour pouvoir tenir compagnie à de nombreuses espèces, y compris celles qui apprécient l'eau un peu plus fraîche, par exemple les corydoras poivre.

150 l

Hemigrammus erythrozonus Néon rose

Aussi : Tétra lumineux
Famille : Tétra de la famille des *Characidae* (→ page 16).
Caractéristiques : Ne dépasse pas 4 cm, femelles plus pleines.
Bac/eau : 60 x 30 x 30 cm, type d'eau 1 à 5, 23 à 26°C.
Élevage : Poisson calme qui vit en banc (au moins 8 à 10) pour bac à aménagement sombre, végétation clairsemée et plantes flottantes. Ses couleurs discrètes sont mises en valeur dans une eau filtrée à la tourbe sur un substrat sombre. Petits aliments.
Mode de vie : Vit en groupes informels dans les ruisseaux de la forêt équatoriale, dans le bassin du fleuve Essequibo, en Guyana, Amérique du Sud.
Socialisation : Petits poissons calmes qui préfèrent aussi les bacs sombres, par exemple d'autres tétras (poissons-crayons *Nannostomus*) et de petits silures *(Corydoras)*.

50 l

Hemigrammus hyanuary Néon vert

Aussi : Tétra-Costello
Famille : Tétra de la famille des *Characidae* (→ page 16).
Caractéristiques : 4 cm, les femelles plus pleines.
Bac/eau : 60 x 30 x 30 cm, type d'eau 1 à 4, 23 à 26 °C.
Élevage : En banc (jamais moins de 6 poissons) dans un bac maintenu dans l'obscurité à la végétation dense. La rayure qui donne leur nom aux néons, particulièrement fine, ne ressort pas sous un éclairage trop lumineux. Tous types de petits aliments.
Mode de vie : Sans doute originaire des ruisseaux et forêts immergées du cours moyen/supérieur de l'Amazone.
Socialisation : Espèce relativement svelte tournée vers le fond qui s'entend donc bien avec d'autres petits tétras des niveaux central et supérieur de l'aquarium, par exemple *Hemigrammus pulcher*, *Hemigrammus ocellifer* ou des hachettes.

50 l

Hemigrammus ocellifer Feux de position

Famille : Tétra de la famille des *Characidae* (→ page 16).
Caractéristiques : 5 cm, les femelles plus pleines et moins colorées.
Bac/eau : 80 x 35 x 40 cm, type d'eau 2 à 5, 24 à 28 °C.
Élevage : En banc de 8 ou plus dans un bac sombre partiellement planté d'une végétation dense. Nourriture facile de fins aliments secs et congelés.
Mode de vie : Poisson très courant qui vit en bancs, surtout dans les eaux à cours lent et dormantes d'Amazonie et de Guyane. La tache réfléchissante à la racine de la queue se voit aussi dans les eaux sombres et joue peut-être un rôle pour la cohésion du banc.
Socialisation : Sans problème avec tous les petits et moyens poissons d'Amérique du Sud, par exemple des scalaires.

100 l

Hemigrammus pulcher Tétra pulcher

Famille : Tétra de la famille des *Characidae* (→ page 16).
Caractéristiques : 4,5 cm, les femelles plus pleines.
Bac/eau : 60 x 30 x 30 cm, type d'eau 1 à 2, 23 à 28 °C.
Élevage : Tétra assez exigeant en ce qui concerne les paramètres de l'eau (de préférence filtrée à la tourbe) dont les couleurs pastel aux reflets délicats ne sont mises en valeur que dans les bacs sombres en partie plantés d'une végétation dense. Nourrir de fins aliments vivants (par exemple larves de moustiques noires), mais aussi de produits congelés et secs. Ne pas élever moins de 6 poissons.
Mode de vie : Sans doute originaire des ruisseaux d'eau noire et des zones immergées de la forêt amazonienne du Pérou.
Socialisation : Bon compagnon de poissons d'eau douce exigeants, par exemple *Dicrossus filamentosus*.

50 l

Hemigrammus rodwayi Tétra doré

Aussi : *Hemigrammus armstrongi*
Famille : Tétra de la famille des *Characidae* (→ page 16).
Caractéristiques : 4 cm, les femelles plus pleines au niveau du ventre. La couleur dorée est causée par des parasites inoffensifs qui entraînent une réaction cutanée caractéristique chez les tétras. Les rejetons non parasités restent souvent incolores.
50 l **Bac/eau :** 60 x 30 x 30 cm, type d'eau 2 à 5, 24 à 27 °C.
Élevage : En banc dans un aquarium en partie densément planté. Nourrir de petites crevettes congelées ou vivantes, de larves de moustiques noires ou d'aliments secs.
Mode de vie : Espèce commune des petits ruisseaux d'Amazonie.
Socialisation : Petits poissons de fond et tétras.

Hemiloricaria lanceolata Loricaria lancéolé

Aussi : *Rineloricaria lanceolata*
Famille : Plecos, *Loricariidae* (→ page 9).
Caractéristiques : 13 cm, les mâles portent des « favoris ».
Bac/eau : 80 x 30 x 30 cm, type d'eau 2 à 5, 24 à 28 °C.
Élevage : En couple dans un bac d'eau claire avec du sable et quelques racines allongées. Aliments végétaux, petites crevettes
80 l congelées et comprimés alimentaires.
Mode de vie : Sur et sous les branches tombées dans le courant de petits cours d'eau clairs, dans la région amazonienne.
Socialisation : Petits tétras et cichlidés nains (par exemple *Apistogramma*) d'Amérique du Sud.
Espèce proche : Loricaria rouge *Hemiloricaria sp.* « *rouge* », 12 cm.

Hemiodopsis gracilis Hémiodon

Aussi : *Hemiodus gracilis*
Famille : Hémiodons, *Hemiodontidae* (→ page 16).
Caractéristiques : 18 cm, les femelles légèrement plus pleines.
Bac/eau : 200 x 60 x 60 cm, type d'eau 2 à 4, 24 à 28 °C.
Élevage : En banc de 8 environ dans un grand bac peu planté avec un vaste espace de nage. Se mettent à l'abri sous les plantes
700 l à grandes feuilles. Repas variés de différents aliments congelés ou secs.
Mode de vie : Poisson peureux qui vit en banc dans les grands ruisseaux et les fleuves de vastes régions amazoniennes.
Socialisation : Grands cichlidés calmes (par exemple discus, scalaires ou *Geophagus*) ou cichlidés nains, autres tétras pas trop petits et silures.

Heros notatus «Guyana» Cichlidé ocellé

Famille : Cichlidés, *Cichlidae* (→ page 10).
Caractéristiques : 25 cm, mâles plus grands et plus colorés.
Bac/eau : 150 x 60 x 60 cm, type d'eau 2 à 5, 25 à 29 °C.
Élevage : Espèce à élever en couple qui se sent bien dans un bac maintenu dans l'obscurité aux nombreuses racines en guise d'abris. Aliments courants, mais les produits verts sont importants.

550 l

Mode de vie : Cichlidé essentiellement herbivore originaire des eaux de la savane humide de Rupununi, en Guyane. Pondeur sur substrat découvert qui forme le plus souvent des couples.
Socialisation : Autres grands cichlidés calmes, par ex. espèces *Geophagus*, mais aussi pacus.
Espèce proche : *Heros appendiculatus*, 25 cm.

Heterandria formosa Poisson-moustique

Famille : Cyprinodonte vivipare de la famille des *Poeciliidae* (→ page 19).
Caractéristiques : 3,5 cm, organe copulatif visible chez les mâles.
Bac/eau : 60 x 30 x 30 cm, type d'eau 4 à 6, 18 à 28 °C.
Élevage : En groupe dans un petit aquarium à la végétation dense. Nourrir d'aliments fins vivants (artémias, cyclops), mais aussi d'aliments secs. Une eau légèrement plus fraîche en hiver leur donne plus de vitalité.

50 l

Mode de vie : Vit parmi les plantes des petits à minuscules cours d'eau calmes du Sud-Est de l'Amérique du Nord. Il importune parfois les poissons plus lents en leur tirant les nageoires.
Socialisation : Uniquement avec d'autres petites espèces qui tolèrent aussi une eau par moments plus fraîche, p. ex. des corydoras poivres *(Corydoras paleatus)*.

Hypancistrus zebra Pleco zébré

Aussi : L 46
Famille : Plecos, *Loricariidae* (→ page 9).
Caractéristiques : 9 cm, les mâles sont plus grands et portent de petites épines (odontodes) sur la joue et la nageoire pectorale.
Bac/eau : 60 x 30 x 30 cm, type d'eau 2 à 5, 27 à 30 °C.
Élevage : Outre les graviers, les pierres plates et un bon courant, la condition essentielle à son bien-être est la température de l'eau qui doit être suffisamment chaude. Nourrir surtout d'aliments congelés, par exemple de petites crevettes. Ne mange pas les algues. Les tubes d'argiles pour plecos lui fournissent des cachettes.

50 l

Mode de vie : Milieux rocheux du rio Xingu à eau claire (Amazonie). Vit caché.
Socialisation : Autres poissons d'eau claire, par exemple *Geophagus* ou petits *Crenicichla*.

Hyphessobrycon amandae

Famille : Tétra de la famille des *Characidae* (→ page 16).
Caractéristiques : 3 cm, les mâles plus petits et plus fins.
Bac/eau : 60 x 30 x 30 cm, type d'eau 1 à 3, 24 à 28 °C.
Élevage : En banc (10 à 30 poissons), si possible dans un bac au substrat sombre et à la végétation dense. Tous types de petits aliments (par exemple cyclops, nauplies d'artémias, aliments secs). La teinte rouge intense n'apparaît que dans les eaux douces et acides filtrées à la tourbe. Ne vivent pas longtemps dans une eau dure et alcaline.

50 l

Mode de vie : Uniquement attesté dans un cours d'eau noire de la région brésilienne du Mato Grosso.
Socialisation : Seulement avec d'autres espèces naines.

Hyphessobrycon columbianus Tétra de Colombie

Aussi : *Hyphessobrycon ecuadoriensis*
Famille : Tétra de la famille des *Characidae* (→ page 16).
Caractéristiques : 4,5 cm, les femelles sont plus pleines et ont l'échine plus haute.
Bac/eau : 60 x 30 x 30 cm, type d'eau 3 à 4, 24 à 28 °C.
Élevage : Bac maintenu dans l'obscurité à la végétation dense. Au moins 6 à 8 poissons. Aliments fins vivants, congelés ou secs.

50 l

Mode de vie : Uniquement avéré dans un petit ruisseau de la forêt vierge de Darién, en Colombie, dans des eaux peu profondes et ombragées, parmi les feuilles mortes.
Socialisation : Autres petits tétras d'Amérique du Sud, corydoras ou cichlidés nains.

Hyphessobrycon eques Tétra-sang

Aussi : Tétra-joyau, tétra serpae, *Hyphessobrycon callistus, H. serpae*
Famille : Tétra de la famille des *Characidae* (→ page 16).
Caractéristiques : 4,5 cm, les femelles un peu plus pâles et plus pleines.
Bac/eau : 60 x 30 x 30 cm, type d'eau 1 à 5, 24 à 28 °C.
Élevage : En petit banc de plusieurs femelles et mâles dans un bac bien planté et maintenu dans l'obscurité, avec un espace de nage suffisant. Filtration à la tourbe conseillée. Petits aliments.

50 l

Mode de vie : Poisson grégaire des eaux calmes à la végétation souvent riche d'Amazonie. Fréquent dans les eaux noires.
Socialisation : Corydoras, poissons-hachettes (par exemple *Carnegiella strigata*) ou, dans des bacs plus grands, cichlidés nains (par exemple *Apistogramma agassizii*).

Hyphessobrycon erythrostigma Cœur saignant

Famille : Tétra de la famille des *Characidae* (→ page 16).
Caractéristiques : 8 cm, mâles plus minces et nageoires plus hautes.
Bac/eau : 100 x 50 x 50 cm, type d'eau 2 à 4, 24 à 28 °C.
Élevage : Superbe espèce qui est le mieux mise en valeur en banc dans un bac maintenu dans l'obscurité aux plantes à grandes feuilles *(Echinodorus)*, avec un petit espace de nage. Tous types d'aliments courants ; les petites crevettes (cyclops, artémias) intensifient la coloration rouge.

250 l

Mode de vie : Ruisseaux d'eau noire du cours supérieur de l'Amazone (Brésil). Se nourrit (de larves) d'insectes et de petites crevettes.
Socialisation : Compagnon idéal de poissons d'eau noire classiques, par exemple des scalaires altum ou des *Apistogramma*.
Espèces proches : Tétra-faucille, *H. pyrrhonotus*, 6 cm, et *H. socolofi*, 5 cm.

Hyphessobrycon flammeus Tétra de Rio

Aussi : Tétra rouge de Rio
Famille : Tétra de la famille des *Characidae* (→ page 16).
Caractéristiques : 4 cm, les femelles plus pâles et plus pleines.
Bac/eau : 60 x 30 x 30 cm, type d'eau 3 à 6, 22 à 27 °C.
Élevage : En groupe (au moins 6 à 8) dans un bac sombre aux plantations clairsemées à denses. Tous types de petits aliments. Ne pas maintenir l'eau trop longtemps à plus de 24 ou 25 °C.

50 l

Mode de vie : Ruisseaux des environs de Rio de Janeiro.
Socialisation : Petits poissons de fond et de surface qui tolèrent l'eau relativement fraîche, par exemple corydoras poivre *(Corydoras paleatus)* ou borellis *(Apistogramma borellii)*.
Espèce proche : Tétra jaune, *H. bifasciatus*, 5 cm.

Hyphessobrycon herbertaxelrodi Néon noir

Famille : Tétra de la famille des *Characidae* (→ page 16).
Caractéristiques : 4 cm, femelles plus pleines.
Bac/eau : 60 x 30 x 30 cm, type d'eau 2 à 4, 24 à 28 °C.
Élevage : Espèce appréciée pour sa robustesse qui se maintient bien dans un bac sombre à la végétation dense. Petits aliments, y compris secs. Ne pas élever moins de 8 poissons.

50 l

Mode de vie : Forme des bancs dans différents types d'eau au Centre du plateau du Mato Grosso (Brésil).
Socialisation : Tétras, corydoras, plecos et cichlidés nains d'Amérique du Sud.
Espèces proches : *Hyphessobrycon metae*, 4 cm ; tétra loreto *Hyphessobrycon loretoensis*, 4 cm.

Hyphessobrycon megalopterus Tétra-fantôme noir

Aussi : *Megalomphodus megalopterus*
Famille : Tétra de la famille des *Characidae* (→ page 16).
Caractéristiques : 4,5 cm, les mâles ont de plus grandes nageoires.
Bac/eau : 60 x 30 x 30 cm, type d'eau 2 à 5, 23 à 26 °C.
Élevage : Un petit nombre de mâles et quelques femelles dans un bac sombre aux bords densément plantés et avec quelques plantes solitaires. Tous types de petits aliments.
Mode de vie : Poisson grégaire des eaux ombragées à la riche végétation du sud du Brésil. Mâles territoriaux.
Socialisation : Cichlidés nains d'Amérique du Sud (par exemple espèces *Apistogramma*) ou petits corydoras et poissons de surface, par exemple characins arroseurs.

50 l

Hyphessobrycon pulchripinnis Tétra citron

Famille : Tétra de la famille des *Characidae* (→ page 16).
Caractéristiques : 4,5 cm, les femelles plus pleines.
Bac/eau : 60 x 30 x 30 cm, type d'eau 2 à 4, 24 à 27 °C.
Élevage : En banc (6 ou plus) dans un aquarium partiellement planté d'une végétation dense. La coloration jaune intense qui lui donne son nom est renforcée par une alimentation à base de petites crevettes (cyclops, nauplies d'artémias) et ne se maintient que dans l'eau douce et légèrement acide.
Mode de vie : Ruisseaux d'eau claire à riche végétation des systèmes fluviaux brésiliens, surtout rio Xingu et Tapajos.
Socialisation : Cichlidés nains et scalaires dans un grand bac, uniquement d'autres tétras, corydoras et plecos dans un petit.

50 l

Hyphessobrycon rosaceus Tétra rose

Aussi : *Hyphessobrycon bentosi*
Famille : Tétra de la famille des *Characidae* (→ page 16).
Caractéristiques : 4,5 cm, mâles aux nageoires plus longues.
Bac/eau : 60 x 30 x 30 cm, type d'eau 2 à 5, 23 à 27 °C.
Élevage : Poisson grégaire qui convient bien à un bac communautaire clair à la végétation clairsemée. Un léger courant les stimule et renforce leur vivacité. Tous types d'aliments.
Mode de vie : Vif poisson grégaire qui nage dans les courants légers des ruisseaux sablonneux ou caillouteux.
Socialisation : Dans un plus grand bac avec des cichlidés nains (par exemple *Apistogramma, Nannacara*), sinon avec des corydoras, d'autres tétras et de petits plecos (par exemple *Hemiloricaria*).

50 l

Hyphessobrycon sweglesi Tétra-fantôme rouge

Aussi : *Megalomphodus sweglesi*
Famille : Tétra de la famille des *Characidae* (→ page 16).
Caractéristiques : 4 cm, le rouge des mâles est plus intense.
Bac/eau : 60 x 30 x 30 cm, type d'eau 2 à 4, 22 à 26 °C.
Élevage : Poisson pacifique à élever en banc dans un bac pas trop chaud, planté en partie d'une végétation dense et sombre. Tous types de petits aliments.

50 l

Mode de vie : Les mâles de cette espèce, comme la plupart des autres Hyphessobrycon, délimitent de petits territoires provisoires pendant la parade et les défendent contre les autres mâles. Originaire du système fluvial de l'Orénoque, en Colombie.
Socialisation : Petits poissons d'Amérique du Sud, p. ex. corydoras et cichlidés nains.

Hypsophrys nicaraguense Cichlasoma du Nicaragua

Aussi : *Cichlasoma nicaraguense, Copora nicaraguense*
Famille : Cichlidés, *Cichlidae* (→ page 10).
Caractéristiques : 25 cm, femelles plus petites.
Bac/eau : 150 x 60 x 60 cm, type d'eau 5 à 6, 24 à 27 °C.
Élevage : En couple dans un bac spacieux avec du substrat de sable ou de gravier, une grande caverne et d'autres possibilités de cachettes. Tous types d'aliments courants.

550 l

Mode de vie : Habitant de la zone intermédiaire entre la zone sablonneuse et les rochers, surtout présent dans les lacs du Nicaragua et du Costa Rica. Les alevins mangent des larves d'insectes, les adultes consomment aussi des produits végétaux. Pondeur sur substrat caché qui forme des couples.
Socialisation : Autres cichlidés d'Amérique centrale, par exemple *Cryptoheros* ou *Vieja*.

Inpaichthys kerri Tétra royal

Famille : Tétra de la famille des *Characidae* (→ page 16).
Caractéristiques : 4,5 cm, les femelles plus petites et plus pâles.
Bac/eau : 60 x 30 x 30 cm, type d'eau 2 à 4, 23 à 26 °C.
Élevage : Groupe de quelques mâles et de plusieurs femelles dans un bac à l'éclairage pas trop vif et peu planté. Tous types de petits aliments.

50 l

Mode de vie : Poisson grégaire jusqu'à présent uniquement attesté dans les ruisseaux du système fluvial de l'Aripuana, au Brésil. Les mâles forment des repaires provisoires pendant la parade nuptiale et les défendent contre les autres mâles.
Socialisation : Autres petits tétras, corydoras et petits plecos. Cichlidés nains dans un bac plus grand.

Iriatherina werneri Arc-en-ciel filigrane

Famille : Poissons-arcs-en-ciel, *Melanotaeniidae* (→ page 18).
Caractéristiques : 5 cm, les mâles aux nageoires très allongées et aux couleurs nettement plus intenses.
Bac/eau : 80 x 35 x 40 cm, type d'eau 2 à 5, 25 à 30 °C.
Élevage : Poisson grégaire pour bac très planté. Fins aliments vivants (nauplies d'artémias, cyclops et puces d'eau) et secs.
100 l **Mode de vie :** Étangs à la végétation riche et portions calmes des fleuves du Sud de la Nouvelle-Guinée et du Nord de l'Australie.
Socialisation : Bon compagnon pour de petits poissons de fond, par exemple des corydoras. Ne pas élever avec des poissons plus grands.

Julidochromis regani Kipili

Aussi : Regani
Famille : Cichlidés, *Cichlidae* (→ page 10).
Caractéristiques : 15 cm, dimorphismes sexuels peu marqués.
Bac/eau : 100 x 40 x 40 cm, type d'eau 5 à 6, 25 à 27 °C.
Élevage : En couple dans un bac avec beaucoup de cachettes rocheuses. Tous types d'aliments courants. Les alevins grandissent et donnent en quelques années une famille très nombreuse.
150 l **Mode de vie :** Côtes rocheuses du lac Tanganyika, émaillées de surfaces sablonneuses. Se nourrit de petits animaux. Pondeur sur substrat caché qui forme le plus souvent des couples.
Socialisation : Cichlidés du lac Tanganyika ne vivant pas dans les rochers, par exemple *Cyprichromis*.
Espèce proche : *Julidochromis marlieri*, 15 cm.

Julidochromis transcriptus Transcriptus

Aussi : Cichlidé noir et blanc
Famille : Cichlidés, *Cichlidae* (→ page 10).
Caractéristiques : 7 cm, sexes peu différenciés.
Bac/eau : 60 x 30 x 30 cm, type d'eau 5 à 6, 25 à 27 °C.
Élevage : Aquarium aménagé avec des constructions rocheuses. Aliments congelés à base de crustacés et aliments secs de qualité supérieure. Ne pas modifier l'aménagement de l'aquarium, car
50 l les couples ont sinon facilement tendance à se disputer.
Mode de vie : Zone rocheuse du lac Tanganyika. Se nourrit de petits organismes. Pondeur sur substrat caché qui forme généralement des couples.
Socialisation : Avec d'autres cichlidés du lac Tanganyika dans un bac plus grand, par exemple *Xenotilapia* et *Cyprichromis*.
Espèce proche : Cichlidé-bretteur, *J. ornatus*, 8 cm.

Kryptopterus minor Silure de verre
Aussi : Poisson de verre, poisson fantôme, poisson-squelette, silure transparent, *Kryptopterus bicirrhis*
Famille : Silures, *Siluridae* (→ page 9).
Caractéristiques : 8 cm, les femelles plus pleines.
Bac/eau : 100 x 40 x 40 cm, type d'eau 2 à 5, 24 à 28 °C.

150 l

Élevage : Espèce sociable qui aime nager : pas moins de 6 à 10 poissons dans un bac richement structuré à la végétation peu dense, aux plantes flottantes et au courant léger. Aliments vivants fins et moyens, ne s'approche qu'avec hésitation des produits congelés ou secs.
Mode de vie : Forme des bancs dans les eaux d'Asie du Sud-Est au courant léger envahies par les algues. Régime alimentaire inconnu.
Socialisation : Rasboras du genre *Rasbora*, par exemple *Rasbora dorsiocellata*, et loches franches, p. ex. *Botia striata*.

Labidochromis sp. «yellow»
Aussi : *Labidochromis caeruleus «yellow»*
Famille : Cichlidés, *Cichlidae* (→ page 10).
Caractéristiques : 10 cm, sexes peu différenciés.
Bac/eau : 100 x 50 x 50 cm, type d'eau 5 à 6, 25 à 27 °C.

250 l

Élevage : Un ou un grand nombre de mâles et plusieurs femelles dans un bac aux formations rocheuses aménagées pour permettre aux poissons de les traverser. Tous types d'aliments, surtout ceux contenant des petites crevettes.
Mode de vie : Habite un territoire rocheux étroitement délimité du lac Malawi, à 15 à 20 m de profondeur. Se nourrit de larves d'insectes. Incubateur buccal femelle qui ne forme pas de couples.
Socialisation : Autres cichlidés des rochers du Malawi, par exemple les espèces *Pseudotropheus*.

Laetacara curviceps Curviceps
Aussi : Acara pointillé, *Aequidens curviceps*
Famille : Cichlidés, *Cichlidae* (→ page 10).
Caractéristiques : 7 cm, sexes peu différenciés.
Bac/eau : 60 x 30 x 30 cm, type d'eau 2 à 4, 26 à 30 °C.

50 l

Élevage : En couple dans un bac partiellement planté d'une végétation dense, avec quelques cailloux non calcaires. Nourrir surtout de fins aliments vivants, mais aussi d'aliments secs.
Mode de vie : Berges à faible courant des eaux amazoniennes à la végétation riche. Pondeur sur substrat découvert. Forme des couples.
Socialisation : Espèce pacifique qui convient à un aquarium communautaire avec des tétras calmes et à un grand bac avec des cichlidés nains pondeurs sur substrat caché.
Espèce proche : *Laetacara sp. « Buckelkopf»*, 8 cm.

Laetacara dorsigera Dorsigera
Aussi : Dorsiger, *Aequidens dorsiger*
Famille : Cichlidés, *Cichlidae* (→ page 10).
Caractéristiques : 7 cm, dimorphismes sexuels peu marqués et difficiles à distinguer.
Bac/eau : 60 x 30 x 30 cm, type d'eau 2 à 4, 26 à 30 °C.
Élevage : En couple dans un bac planté en partie d'une végétation dense, avec un peu de gravier non calcaire. Nourrir surtout d'aliments fins vivants, mais aussi d'aliments secs.
Mode de vie : Cours d'eau à riche végétation et faible courant du triangle Bolivie–Argentine–Brésil. Pondeur sur substrat découvert. Forme des couples.
Socialisation : Espèce paisible qui convient aux bacs communautaires avec des tétras calmes et d'autres poissons peu agités, p. ex. des scalaires ou des discus.

50 l

Lamprologus ocellatus
Famille : Cichlidés, *Cichlidae* (→ Page 10).
Caractéristiques : 6 cm, les mâles grandissent beaucoup plus.
Bac/eau : 60 x 30 x 30 cm, type d'eau 5 à 6, 25 à 27 °C.
Élevage : Une couche de sable de 6 cm environ suffit à aménager le bac, ainsi qu'une coquille d'escargot vide bouillie par poisson. Élever un mâle et une femelle (ou plusieurs dans un plus grand bac). Tous types d'aliments courants, surtout les petites crevettes.
Mode de vie : Dans le lac Tanganyika où le sable est semé de coquilles d'escargots vides. Les mâles en élisent une pour domicile et en enterrent d'autres pour les femelles qui passent. Pondeur sur substrat caché qui forme des harems.
Socialisation : Avec *Cyprichromis* dans un grand bac.

50 l

Leporinus fasciatus Léporinus à bandes
Famille : Anastomidés, *Anostomidae* (→ page 16).
Caractéristiques : 30 cm, dimorphismes sexuels peu marqués.
Bac/eau : 250 x 60 x 60 cm, type d'eau 2 à 5, 24 à 28 °C.
Élevage : En groupe (5 poissons ou plus) dans un grand aquarium sans plantes très structuré à l'aide de racines. Les solitaires sont souvent agressifs. Aliments verts et animaux congelés.
Mode de vie : Nageur habile des régions rocheuses et torrentueuses de l'Amazone où il trouve sa nourriture végétale et animale.
Socialisation : Grands poissons d'Amérique du Sud, p. ex. pacus, grands cichlidés et silures.
Espèce proche : *Leporinus cf. maculatus,* 20 cm environ.

1000 l

Limia melanogaster Poecilia tricolore

Famille : Cyprinodonte vivipare de la famille des *Poeciliidae* (→ page 19).

Caractéristiques : 6,5 cm, organe copulatif visible chez les mâles.

Bac/eau : 60 x 30 x 30 cm, type d'eau 4 à 6, 22 à 28 °C.

Élevage : Aquarium pas trop clair, à la végétation en partie dense et en partie clairsemée et au courant léger. Deux ou trois mâles pour 6 femelles ou plus. Nourrir de flocons à base végétale et de petits aliments vivants et congelés.

50 l

Mode de vie : Habitant vif des ruisseaux qu'on trouve uniquement en Jamaïque. Poisson de surface.

Socialisation : Petits cichlidés d'Amérique centrale *(Cryptoheros)* ou tétras aveugles.

Limia nigrofasciata Poecilia à raies noires

Famille : Cyprinodontes vivipares, *Poeciliidae* (→ page 19).

Caractéristiques : 7 cm, organe copulatif visible chez le mâle qui acquiert une forte bosse avec l'âge.

Bac/eau : 80 x 35 x 40 cm, type d'eau 5 à 6, 24 à 27 °C.

Élevage : Poisson grégaire pour bac d'eau dure très ensoleillé, aux bords plus ou moins densément plantés et avec un vaste espace de nage libre. Aliments secs contenant des algues, bon mangeur d'algues en aquarium aussi.

100 l

Mode de vie : En bancs importants sur une grande variété de sols des eaux de Haïti. Alguivore.

Socialisation : Uniquement avec d'autres poissons d'eau dure, par exemple de petits cichlidés d'Amérique centrale.

Macrognathus siamensis Anguille épineuse à ocelle

Aussi : Anguille épineuse paon, *Macrognathus aculeatus*

Famille : Anguilles épineuses, *Mastacembelidae* (→ page 21).

Caractéristiques : 30 cm, les femelles ont un plus gros ventre.

Bac/ eau : 120 x 50 x 50 cm, type d'eau 2 à 5, 23 à 27 °C.

Élevage : Bac planté avec «plafond» de plantes flottantes et cachettes. Substrat de gravier fin ou de sable dans lequel les anguilles peuvent s'enfouir. Nourrir de larves de moustiques et de chair de poisson ou d'artémias. Élever seule ou en groupes.

300 l

Mode de vie : Poisson curieux des eaux au sol meuble, lentes ou dormantes, d'Asie du Sud-Est. Prédateur à activité nocturne.

Socialisation : Toutes les espèces asiatiques pas trop petites des niveaux supérieurs du bac.

Macropodus opercularis Poisson du paradis

Aussi : Macropode
Famille : Macropode, famille des *Osphronemidae* (→ page 15).
Caractéristiques : 10 cm, les mâles plus colorés et aux nageoires plus longues.
Bac/eau : 80 x 35 x 40 cm, type d'eau 2 à 6, 20 à 26 °C.
Élevage : En couple dans un bac très structuré avec des plantes flottantes, d'autres plantes peu denses et des racines. Tous types d'aliments courants.

100 l

Mode de vie : Zones marécageuses, canaux et portions de fleuves calmes du Viêt Nam et du sud de la Chine. Territorial.
Socialisation : Barbeaux asiatiques de taille moyenne, p. ex. barbu d'Odessa, et loches franches, par exemple espèces *Botia*. Peut se montrer violent envers les poissons les plus réservés.
Espèce proche : Macropode noir, *M. spechti*, 12 cm.

Macrotocinclus hoppei Otocinclus

Aussi : *Otocinclus affinis*, « Oto »
Famille : Plecos, *Loricariidae* (→ page 9).
Caractéristiques : 4 cm, les femelles plus pleines ; tache à la racine de la queue.
Bac/eau : 60 x 30 x 30 cm, type d'eau 2 à 6, 22 à 27 °C.
Élevage : Pas moins de 5 ou 6 poissons dans un aquarium bien

50 l

planté et fortement éclairé. Bons mangeurs d'algues, les nourrir d'aliments contenant des végétaux, notamment de comprimés alimentaires.
Mode de vie : Espèce grégaire qu'on trouve surtout en troupes dans la végétation des berges qui pend dans l'eau de l'Amazone.
Socialisation : Tous les petits poissons aux mêmes exigences.
Espèce proche : *Macrotocinclus vittatus* (sans tache), 4 cm.

Marosatherina ladigesi Arc-en-ciel des Célèbes

Aussi : *Telmatherina ladigesi*
Famille : Arcs-en-ciel des Célèbes, *Telmatherinidae* (→ page 18).
Caractéristiques : 7 cm, les nageoires des mâles sont plus longues.
Bac/eau : 100 x 40 x 40 cm, type d'eau 4 à 6, 25 à 28 °C.
Élevage : Bac clair peu planté avec un grand espace de nage libre. Petits aliments vivants et secs. Sensible à une eau mal entretenue.

150 l

Mode de vie : Poisson très vif qui forme des bancs dans son unique région d'origine, les ruisseaux calcaires d'une zone karstique de l'île de Sulawesi (Célèbes). Régime alimentaire inconnu dans la nature.
Socialisation : Tous les poissons de fond qui tolèrent l'eau relativement calcaire, par exemple des cichlidés du lac Tanganyika comme les espèces *Julidochromis*.

Mastacembelus favus Anguille épineuse

Famille : Anguilles épineuses, *Mastacembelidae* (→ page 21).
Caractéristiques : 70 cm, les femelles sont plus grandes.
Bac/eau : 200 x 60 x 50 cm, type d'eau 2 à 5, 25 à 29 °C.
Élevage : Seule ou en groupe dans un bac avec du courant, du gravier fin dans lequel elle peut s'enfouir et des grottes en guise de cachettes. Repas consistants d'aliments vivants et congelés.

600 l

Mode de vie : Prédateur nocturne d'insectes et de crustacés dans les fleuves des basses terres d'Asie du Sud-Est, au courant parfois rapide. Animaux intelligents qui abandonnent leur vie cachée au bout de quelque temps et deviennent confiants et familiers.
Socialisation : Associer uniquement avec de plus grandes espèces à échine plus haute, par exemple de grands barbeaux.
Espèce proche : Anguille de feu ou anguille épineuse à bandes rouges, *Mastacembelus erythrotaenia*, 100 cm.

Maylandia estherae Zébra rouge

Aussi : *Metriaclima estherae, Pseudotropheus estherae*
Famille : Cichlidés, *Cichlidae* (→ page 10).
Caractéristiques : 11 cm, sexes peu différenciés.
Bac/eau : 120 x 50 x 50 cm, type d'eau 5 à 6, 25 à 27 °C.
Élevage : Empilements rocheux aménagés pour que les poissons puissent les traverser. Aliments végétaux en flocons et aliments congelés contenant des crevettes. Un ou un grand nombre de

300 l

mâles pour plusieurs femelles.
Mode de vie : Cichlidé des roches (mbuna) du lac Malawi. Se nourrit d'algues, de petits organismes et de plancton. Incubateur buccal femelle qui ne forme pas de couple.
Socialisation : Autres cichlidés de roches du Malawi.
Espèce proche : Zébra cobalt, *Maylandia callainos*, 12 cm.

Melanochromis auratus Cichlidé turquoise doré

Aussi : Frappeur de pierre du Malawi.
Famille : Cichlidés, *Cichlidae* (→ page 10).
Caractéristiques : 11 cm, les mâles deviennent bleu-noir.
Bac/eau : 120 x 50 x 50 cm, type d'eau 5 à 6, 25 à 27 °C.
Élevage : Constructions rocheuses conçues pour que les poissons puissent nager à travers. Aliments végétaux en flocons et aliments congelés contenant des crevettes. Un ou un grand nombre

300 l

de mâles pour plusieurs femelles.
Mode de vie : Cichlidé des roches du Malawi, originaire d'un territoire étroitement délimité dans la partie sud du lac, où il se nourrit d'algues, de petits organismes et de plancton. Incubateur buccal femelle ne formant pas de couples.
Socialisation : Autres cichlidés de roches du Malawi, par exemple espèces *Pseudotropheus* ou *Maylandia*.

Melanochromis johannii Cichlidé cobalt

Famille : Cichlidés, *Cichlidae* (→ page 10).
Caractéristiques : 12 cm, les mâles rayés de bleu et de noir.
Bac/eau : 100 x 50 x 50 cm, type d'eau 5 à 6, 25 à 27 °C.
Élevage : Constructions rocheuses aménagées de manière à ce que les poissons puissent les traverser. Aliments végétaux contenant des crevettes, en flocons et congelés. Un ou un grand nombre de mâles pour plusieurs femelles.
Mode de vie : Cichlidé du Malawi de la zone rocheuse (mbuna) qu'on trouve exclusivement dans une petite région très limitée du lac. Se nourrit d'algues, de petits animaux et de plancton. Incubateur buccal femelle ne formant pas de couple.
Socialisation : Autres cichlidés des roches du Malawi.

250 l

Melanotaenia boesemani Arc-en-ciel de Boeseman

Famille : Poissons-arcs-en-ciel, *Melanotaeniidae* (→ page 18).
Caractéristiques : 14 cm, les mâles plus colorés.
Bac/eau : 120 x 50 x 50 cm, type d'eau 4 à 6, 25 à 28 °C.
Élevage : En banc dans un grand bac clair aux bords pas trop plantés et avec un vaste espace de nage libre. Tous types d'aliments petits à moyens.
Mode de vie : Forme des bancs sur les bords à la végétation luxuriante des eaux de la région lacustre d'Ayamaru, en Nouvelle-Guinée.
Socialisation : Poisson sociable avec des espèces pas trop petites, par exemple des cichlidés du lac Tanganyika.
Espèce proche : *M. lacustris*, 12 cm (à maintenir à 20-25 °C).

300 l

Melanotaenia maccullochi Arc-en-ciel nain

Famille : Poissons-arcs-en-ciel, *Melanotaeniidae* (→ page 18).
Caractéristiques : 7 cm, les mâles plus colorés et plus minces.
Bac/eau : 80 x 35 x 40 cm, type d'eau 4 à 6, 24 à 30 °C.
Élevage : Aquarium à la végétation en partie dense et en partie clairsemée, fortement éclairé et au courant léger. Élever au moins 6 à 8 poissons. Alimentation variée de petits aliments vivants, congelés et secs.
Mode de vie : Vit en bancs dans les marécages et les ruisseaux d'eau claire et acide aux nombreuses plantes aquatiques de Papouasie-Nouvelle-Guinée et du nord-ouest de l'Australie.
Socialisation : Tous les petits poissons de fond et de surface aux mêmes préférences en matière d'eau.
Espèce proche : *Melanotaenia cf. maccullochi*, 3 cm.

100 l

Melanotaenia praecox

Famille : Poissons-arcs-en-ciel, *Melanotaeniidae* (→ page 18).
Caractéristiques : 6 cm, couleurs du mâle plus intenses.
Bac/eau : 80 x 35 x 40 cm, type d'eau 2 à 5, 23 à 27 °C.
Élevage : En banc dans un bac maintenu dans l'obscurité au courant léger, au sol de gravier et aux bords plantés. Aliments vivants, congelés et secs.

100 l

Mode de vie : Poissons des ruisseaux de la forêt vierge, dans le bassin du fleuve Mamberano, en Nouvelle-Guinée. Leur nourriture principale dans la nature consiste sans doute en insectes tombés à l'eau, surtout en fourmis.
Socialisation : Poissons de fond de ruisseaux, par exemple loches ponctuées ou arcs-en-ciel à queue fourchue.

Melanotaenia trifasciata Arc-en-ciel-diamant

Famille : Poissons-arcs-en-ciel, *Melanotaeniidae* (→ page 18).
Caractéristiques : 11 à 15 cm (selon les populations), les mâles plus colorés.
Bac/eau : 160 x 60 x 60 cm, type d'eau 4 à 6, 24 à 28 °C.
Élevage : En banc dans un grand bac aux bords peu plantés avec un vaste espace de nage libre. Petits à moyens aliments vivants et secs (par exemple puces d'eau).

600 l

Mode de vie : Les différentes populations, d'aspect différent, sont originaires des fleuves de la forêt équatoriale et de la savane australiennes.
Socialisation : S'entend bien avec tous les poissons pas trop petits aux exigences semblables en matière d'eau, notamment avec les cichlidés du lac Tanganyika.
Espèce proche : *Melanotaenia splendida*, 11-15 cm.

Mesonauta insignis Cichlidé-drapeau

Famille : Cichlidés, *Cichlidae* (→ page 10).
Caractéristiques : 20 cm, les femelles grandissent moins.
Bac/eau : 120 x 50 x 50 cm, type d'eau 2 à 5, 24 à 30 °C.
Élevage : En couple dans un bac aux plantes à grandes feuilles et aux racines qui atteignent la surface de l'eau. Tous types d'aliments courants.

300 l

Mode de vie : Poisson de surface du Nord de l'Amazonie qu'on trouve dans les eaux noires marquées de bois mort ou de végétation. Pondeur sur substrat découvert, forme des couples.
Socialisation : Autres cichlidés calmes d'Amérique du Sud, p. ex. uarus, discus, scalaires.
Espèce proche : *Mesonauta festivus*, 20 cm.

Metynnis hypsauchen Métynnis à grosse tête

Aussi : *Metynnis schreitmuelleri*
Famille : Tétra de la famille des *Characidae* (→ page 16).
Caractéristiques : 15 cm, les mâles un peu plus pleins.
Bac/eau : 150 x 50 x 50 cm, type d'eau 2 à 5, 24 à 28 °C.
Élevage : Tétra spectaculaire pour grand bac sans plantes disposant, d'une part, d'un espace de nage libre et, d'autre part, d'abris de racines où les poissons peuvent se reposer. Aliments verts et secs à base de plantes.
Mode de vie : Vit en bancs (ne pas en élever moins de 6) dans les grands fleuves et les lacs d'Amérique du Sud. Végétarien qui se nourrit notamment de l'herbe qui pend dans l'eau.
Socialisation : Dans un grand bac avec de grands cichlidés calmes (par exemple *Geophagus*) et des silures (par exemple *Sorubim*).

400 l

Microctenopoma ansorgii Cténopoma orange

Aussi : *Ctenopoma ansorgii*
Famille : Anabas (poissons grimpeurs), *Anabantidae* (→ page 15).
Caractéristiques : 7 cm, nageoires ourlées de blanc chez les mâles.
Bac/eau : 60 x 30 x 30 cm, type d'eau 2 à 4, 23 à 27 °C.
Élevage : En couple dans un bac à la végétation dense et aux nombreuses cachettes à laisser dans l'obscurité (couvert de plantes flottantes). Nourrir de larves d'insectes et d'autres aliments vivants.
Mode de vie : Vit caché dans les portions herbeuses de petits cours d'eau, dans le bassin du Congo. Les mâles sont territoriaux.
Socialisation : Vifs barbeaux africains et procatopys. Cichlidés nains (par exemple *Nanochromis*) dans un bac plus grand.

50 l

Microglanis iheringi Pimelodus marbré

Famille : Ancistrus, *Pimelodidae* (→ page 9).
Caractéristiques : 7 cm, aucun dimorphisme sexuel connu.
Bac/eau : 60 x 30 x 30 cm, type d'eau 2 à 5, 24 à 28 °C.
Élevage : Aménager le bac avec beaucoup de cachettes au moyen de pierres ou de racines. Le courant correspond à ses conditions naturelles de vie. Élever seul ou à plusieurs. Nourrir de larves de moustiques rouges congelées ou vivantes et de tubifex.
Mode de vie : Originaire des ruisseaux vénézuéliens au cours rapide sur fond de roches et de gravier. Se nourrit d'insectes, surtout de fourmis. Vit caché et reste invisible la journée, sauf aux heures des repas.
Socialisation : Sans problème avec tous les poissons de plus de 4 cm aux exigences similaires en matière d'eau.

50 l

Mikrogeophagus altispinosus Cichlidé de Bolivie

Aussi : *Papiliochromis altispinosus*
Famille : Cichlidés, *Cichlidae* (→ page 10).
Caractéristiques : 8 cm, nageoires du mâle plus longues.
Bac/eau : 100 x 40 x 40 cm, type d'eau 2 à 4, 26 à 29 °C.
Élevage : En couple dans un bac à la végétation clairsemée ou dense, structuré par des racines et quelques pierres plates. Tous types d'aliments courants, surtout vivants : petites crevettes et larves de moustiques.
Mode de vie : Berges calmes des grands ruisseaux et rivières du Nord de la Bolivie. Pondeur sur substrat découvert, forme des couples.
Socialisation : Tétras d'Amérique du Sud ou cichlidés nains pondeurs sur substrat caché, par exemple *A*pistogramma.

150 l

Mikrogeophagus ramirezi Cichlidé-papillon

Aussi : *Papiliochromis ramirezi*
Famille : Cichlidés, *Cichlidae* (→ page 10).
Caractéristiques : 5 cm, les femelles ont le ventre violet et rouge, les mâles ont la membrane de la nageoire dorsale étirée.
Bac/eau : 60 x 30 x 30 cm, type d'eau 1 à 3, 26 à 30 °C.
Élevage : Facile à élever en couple dans un bac en partie planté d'une végétation dense lorsque les paramètres de l'eau sont respectés. Tous types de petits aliments.
Mode de vie : Eaux calmes à la riche végétation des savanes du Venezuela et de Colombie. Pondeur sur substrat découvert, forme des couples.
Socialisation : Tétras de surface et cichlidés nains pondeurs sur substrat caché, par exemple *Apistogramma hongsloi,* dans un bac plus grand.

50 l

Mimagoniates microlepis Tétra barberos à petites écailles

Aussi : Tétra croasseur à petites écailles, *Coelurichthys microlepis*
Famille : Tétra de la famille des *Characidae* (→ page 16).
Caractéristiques : 9 cm, couleurs du mâle plus intenses.
Bac/eau : 100 x 40 x 40 cm, type d'eau 2 à 5, 24 à 26 °C.
Élevage : Bon nageur qui vit en banc et apprécie les bacs pas trop clairs au bon courant, plantés sans excès sur les bords. Nourrir de petits insectes (drosophiles) et de larves de moustiques noires, ou sinon d'aliments secs. Élever 2 ou 3 mâles pour 6 femelles ou plus.
Mode de vie : Poisson vif et turbulent des ruisseaux clairs de l'Est du Brésil.
Socialisation : Poissons amateurs de courant des ruisseaux d'Amérique du Sud, par exemple *Corydoras panda.*
Espèce proche : Tétra-glande à flancs barrés, *Mimagoniates lateralis,* 5 cm.

150 l

Moenkhausia pittieri Tétra-diamant

Famille : Tétra de la famille des *Characidae* (→ page 16).
Caractéristiques : 6 cm, les mâles plus colorés et aux nageoires plus longues.
Bac/eau : 100 x 50 x 50 cm, type d'eau 2 à 4, 24 à 28 °C.
Élevage : Bac couvert de plantes flottantes à la lumière tamisée. Une plantation clairsemée et quelques racines suffisent. Ne déploient leurs belles couleurs que dans les eaux les plus douces. Tous types d'aliments courants, y compris secs.
Mode de vie : Leur espace vital des environs du Lago de Valencia, au Venezuela, est peu connu.
Socialisation : Superbe espèce pour bac communautaire de poissons exigeants (attention aux paramètres de l'eau !), à associer avec, par exemple, des scalaires altum ou des discus.

250 l

Moenkhausia sanctaefilomenae
Moenkhausia aux yeux rouges

Aussi : Tétra-yeux rouges
Famille : Tétra de la famille des *Characidae* (→ page 16).
Caractéristiques : Jusqu'à 7 cm environ, les femelles plus pleines.
Bac/eau : 80 x 35 x 40 cm, type d'eau 2 à 6, 23 à 26 °C.
Élevage : Poisson peu exigeant qui vit en banc dans les niveaux supérieurs de l'aquarium. Convient aux bacs à la végétation peu dense avec un espace de nage libre et un bon courant. Tous types de petits aliments courants.
Mode de vie : Vif poisson qui forme des bancs dans la pleine eau des ruisseaux clairs, dans le sud-ouest de l'Amérique du Sud.
Socialisation : Tous les poissons qui vivent plutôt près du fond, par exemple les corydoras et les cichlidés nains les plus robustes, comme *Apistogramma cacatuoides*.

100 l

Monocirrhus polyacanthus Poisson-feuille

Famille : Nandidés, *Nandidae* (→ page 13).
Caractéristiques : 8 cm, les femelles un peu plus pleines pendant le frai.
Bac/eau : 60 x 30 x 30 cm, type d'eau 1 à 3, 26 à 29 °C.
Élevage : En couple dans un petit bac maintenu dans l'obscurité, à condition qu'il comporte des cachettes (racines, plantes à grandes feuilles, plantes flottantes). N'accepte que les poissons ou les larves de moustiques vivants.
Mode de vie : Vit dans la végétation des berges des eaux calmes d'Amazonie et imite les feuilles mortes pour trouver les poissons dont il fait ses proies.
Socialisation : Élever de préférence seul.
Espèce proche : *Polycentrus schomburgkii*, 10 cm.

50 l

Monodactylus argenteus Poisson-lune argenté

Famille : Monodactylidés, *Monodactylidae* (→ page 11).
Caractéristiques : 25 cm, sexes peu différenciés.
Bac/eau : 250 x 80 x 70 cm, type d'eau 7 (!), 26 à 29 °C.
Élevage : Poisson d'eau saumâtre à ne pas maintenir trop long-temps dans l'eau douce. Bac fortement éclairé avec racines de mangrove. Tous types d'aliments nutritifs courants, y compris crevettes et petits poissons.
Mode de vie : Espèce commune qui forme des bancs dans la ceinture de mangrove de la région indo-pacifique et pénètre par-fois dans l'eau douce de grands fleuves.
Socialisation : Autres poissons d'eau saumâtre, p. ex. poissons-archers *(Toxotes)* et mini-requins *(Ariopsis)*.
Espèce proche : Poisson-lune de Seba, *M. sebae,* 25 cm.

1400 l

Myleus rubripinnis Myleus à crochet rouge

Famille : Piranha, famille des *Characidae* (→ page 16).
Caractéristiques : 39 cm, les femelles adultes sont plus pleines.
Bac/eau : 320 x 70 x 70 cm, type d'eau 2 à 5, 25 à 28 °C.
Élevage : Tétra qui ne passe pas inaperçu dans un grand bac sans plantes avec, d'une part, un espace de nage libre et, d'autre part, des abris de racines pour se reposer. Aliments verts et secs à base de plantes. Espèce craintive à réserver aux aquariums calmes.
Mode de vie : Grand tétra qui forme des bancs (ne pas en élever moins de 6) dans les grands fleuves d'Amérique du Sud et se nourrit des feuilles d'arbres qui surplombent les rives.
Socialisation : Dans un grand bac avec de grands cichlidés calmes (par exemple *Geophagus*) et des silures (par exemple *Sorubim*).

1500 l

Myxocyprinus asiaticus Empereur de Chine

Aussi : Loche à haute nageoire
Famille : Cyprins sucets, *Catostomidae* (→ page 17).
Caractéristiques : 60 cm, mâle et femelle difficiles à distinguer. Les alevins sont beaucoup plus colorés que les sujets adultes.
Bac/eau : 350 x 80 x 80 cm, type d'eau 3 à 6, 16 à 27 °C.
Élevage : Uniquement dans un très grand bac à filtration puis-sante avec quelques racines sous lesquelles ils peuvent se reposer. Aliments en granulés à base végétale. Les 350 cm indiqués ne suf-fisent pas aux poissons adultes – ne pas céder à l'attrait des ado-rables alevins sans avoir les moyens de les laisser grandir !
Mode de vie : Espèce originaire du fleuve chinois Yangzi Jiang, élevée à grande échelle dans des étangs pour la consommation humaine.
Socialisation : Autres «poissons géants» d'Asie.

150 l

Nannacara anomala Cichlidé nain à œil d'or

Famille : Cichlidés, *Cichlidae* (→ page 10).
Caractéristiques : 8 cm, mâles plus colorés et plus grands.
Bac/eau : 80 x 35 x 40 cm, type d'eau 1 à 4, 25 à 28 °C.
Élevage : En couple dans un bac à la végétation dense, très structuré, avec quelques cachettes creuses. Tous types d'aliments courants.

100 l

Mode de vie : Eaux calmes, légèrement courantes ou dormantes, riches en végétation du nord-est de l'Amérique du Sud. Pondeur sur substrat découvert ou caché qui forme des couples.
Socialisation : Tétras, p. ex. tétras rose, ou hachettes. Plecos, par exemple *Ancistrus*, qui sont trop grands pour entrer dans les cachettes.
Espèce proche : Cichlidé à tête d'or, *Nannacara aureocephalus,* 9 cm.

Nannostomus eques Poisson-crayon

Aussi : *Nannobrycon eques*
Famille Chalceus, *Lebiasinidae* (→ page 16).
Caractéristiques : 5 cm, femelles plus pleines.
Bac/eau : 60 x 30 x 30 cm, type d'eau 2 à 4, 26 à 29 °C.
Élevage : Bac sombre avec des plantes flottantes et caulinaires et de fines racines. Aucun courant. Nourrir de petits insectes, larves de moustiques noires et aliments secs.

50 l

Mode de vie : Poisson original de surface qui vit dans les zones calmes des rivières et lacs amazoniens où il semble se nourrir d'insectes. Nage toujours en position inclinée.
Socialisation : Poisson de surface, il s'entend bien avec les petits poissons amazoniens les plus exigeants des niveaux inférieurs de l'aquarium, par exemple les espèces *Apistogramma*.

Nannostomus marginatus Poisson-crayon nain

Famille : Chalceus, *Lebiasinidae* (→ page 16).
Caractéristiques : 3,5 cm, les femelles moins colorées et plus pleines.
Bac/eau : 60 x 30 x 30 cm, type d'eau 2 à 3, 23 à 25 °C.
Élevage : Deux ou trois mâles environ pour 6 femelles dans un bac partiellement planté d'une végétation dense. Il préfère les aliments fins vivants (p. ex. les nauplies d'artémias) mais peut aussi être habitué aux aliments végétaux congelés et secs.

50 l

Mode de vie : Poisson d'eau calme qu'on trouve dans les régions amazoniennes envahies par les plantes aquatiques : il les « picore » de sa bouche fine pour y trouver des algues et des proies. Les mâles défendent de petits territoires pendant la parade.
Socialisation : Petits poissons du niveau inférieur de l'aquarium, par exemple corydoras ou cichlidés nains.

Nannostomus mortenthaleri

Aussi : *Nannostomus marginatus mortenthaleri*
Famille : Chalceus, *Lebiasinidae* (→ page 16).
Caractéristiques : 5 cm, femelles plus pleines et moins colorées.
Bac/eau : 60 x 30 x 30 cm, type d'eau 2 à 5, 23 à 26°C.
Élevage : Un petit nombre de mâles pour plusieurs femelles dans un bac sombre aux plantes caulinaires peu denses. Petits aliments vivants et secs.

50 l

Mode de vie : Les mâles défendent de petits territoires autour de plantes isolées. Vit dans les ruisseaux de l'Amazonie péruvienne.
Socialisation : Poissons de fond (corydoras, loricarias) ou tétras tournés vers le fond (*Hemigrammus*, néons). Cichlidés nains dans de plus grands bacs.
Espèce proche : Poisson-crayon doré, *N. beckfordi*, 6 cm.

Nanochromis parilus Cichlidé bleu du Congo

Aussi : *Nanochromis nudiceps*
Famille : Cichlidés, *Cichlidae* (→ page 10).
Caractéristiques : 7 cm, nageoire dorsale brillante chez la femelle.
Bac/eau : 80 x 35 x 40 cm, type d'eau 3 à 4, 24 à 27°C.
Élevage : En couple dans un aquarium à courant garni de sable, aux très nombreuses cachettes pour les femelles. Tous types d'aliments courants, surtout les larves d'insectes.

100 l

Mode de vie : Habite les zones de moindre courant des rapides du bas Congo. Se nourrit de larves d'insectes, forme des couples et pond sur substrat caché.
Socialisation : Dans de grands bacs avec d'autres cichlidés des rapides du Congo, par exemple un couple de *Teleogramma* ou de têtes bossues *(Steatocranus)*.

Nanochromis transvestitus

Famille : Cichlidés, *Cichlidae* (→ page 10).
Caractéristiques : 6 cm, les femelles ont des couleurs plus contrastées : nageoire caudale rayée de blanc et ventre rouge.
Bac/eau : 60 x 30 x 30 cm, type d'eau 1 à 2, 25 à 28°C.
Élevage : Poisson d'eau noire spécialiste qui souffre dans l'eau dure et alcaline. Accepte des produits secs et congelés.

50 l

Mode de vie : Espèce peu connue dont la présence est exclusivement attestée dans le lac d'eau noire peu profond Maj Ndombe (Congo) où il se nourrit de larves d'insectes. Pondeur sur substrat caché qui forme des couples.
Socialisation : De préférence avec d'autres poissons d'eau douce du bassin du Congo, par exemple des tétras du Congo.
Espèce proche : *Nanochromis squamiceps*, 8 cm.

Nematobrycon palmeri Tétra-empereur

Famille : Tétra de la famille des *Characidae* (→ page 16).
Caractéristiques : 6 cm, mâles plus colorés, femelles plus pleines.
Bac/eau : 80 x 35 x 40 cm, type d'eau 2 à 5, 23 à 26 °C.
Élevage : Poisson grégaire pour aquarium peu planté et maintenu dans l'obscurité. Toujours élever plusieurs mâles ensemble car les solitaires sont souvent agressifs envers les autres habitants du bac. Tous types de petits aliments, produits végétaux.
Mode de vie : Originaire des ruisseaux et fleuves de Colombie. Les mâles ont parfois mauvais caractère lorsqu'ils défendent leur territoire nuptial contre les autres.
Socialisation : De préférence avec des poissons vifs, mais pas territoriaux (autre tétras, corydoras).
Espèce proche : Tétra-arc-en-ciel, *Nematobrycon lacortei*, 5 cm.

100 l

Neolamprologus brevis Brevis

Aussi : Lamprologus
Famille : Cichlidés, *Cichlidae* (→ page 10).
Caractéristiques : 6 cm, les femelles sont plus petites et ont le ventre teinté de jaune.
Bac/eau : 60 x 30 x 30 cm, type d'eau 5 à 6, 25 à 27 °C.
Élevage : Prévoir une couche de sable de 5 cm environ et quelques coquilles d'escargots vides. Élevage en couple. Nourrir de petites crevettes (cyclops, artémias) et d'aliments secs.
Mode de vie : Vit en couple dans des coquilles d'escargots vides du lac Tanganyika. Contrairement à d'autres cichlidés conchylicoles, cette espèce vit et broute en couple et occupe une seule coquille en commun.
Socialisation : Dans un grand bac avec des cichlidés des zones non sablonneuses du lac Tanganyika (ar exemple *Cyprichromis*).

50 l

Neolamprologus longior Lamprologue jaune

Aussi : Leleupi, *Neolamprologus leleupi*
Famille : Cichlidés, *Cichlidae* (→ page 10).
Caractéristiques : 10 cm, les femelles grandissent moins, les mâles développent avec l'âge une bosse frontale.
Bac/eau : 100 x 40 x 40 cm, type d'eau 5 à 6, 25 à 27 °C.
Élevage : En couple dans un bac avec des empilements rocheux dont les fentes et cavités forment des cachettes. Aliments contenant des crevettes, p. ex. mélange aux crevettes, les artémias ne font pas pâlir la belle couleur jaune à terme.
Mode de vie : Vit caché dans des cavités de la zone rocheuse du lac Tanganyika. Pondeur sur substrat caché ; forme des couples.
Socialisation : Autres cichlidés du lac Tanganyika.
Espèce proche : *Neolamprologus cylindricus*, 12 cm.

150 l

Neolamprologus multifasciatus Lamprologus strié
Famille : Cichlidés, *Cichlidae* (→ page 10).
Caractéristiques : 5 cm, les femelles grandissent moins.
Bac/eau : 60 x 30 x 30 cm, type d'eau 5 à 6, 25 à 27 °C.
Élevage : Semer en grand nombre des coquilles d'escargots vides achetées en épicerie fine sur une couche de 5 cm environ de sable. Introduire plusieurs poissons qui formeront la base d'une colonie. Nourrir de petites crevettes et d'aliments secs.
Mode de vie : Vit en colonies comptant souvent des centaines de poissons dans des amas de coquilles d'escargots vides au fond du lac Tanganyika. Pondeur sur substrat caché qui forme des harems.
Socialisation : Cichlidés des zones non sablonneuses du lac Tanganyika dans un grand bac.

50 l

Neolebias ansorgii Characin d'Ansorge
Famille : Citharinidés, *Citharinidae* (→ page 16).
Caractéristiques : 3,5 cm, les femelles plus pâles et plus pleines.
Bac/eau : 60 x 30 x 30 cm, type d'eau 1 à 2, 22 à 25 °C.
Élevage : Quelques mâles pour plusieurs femelles dans un bac sombre. Cachettes proches du sol pour les mâles qui défendent de petits territoires. Plantation peu dense. Fins aliments vivants et congelés (par exemple artémias) ou aliments secs végétaux.
Mode de vie : Poisson grégaire qui vit dans les fourrés des eaux courantes claires et marécageuses, au Nigeria et au Cameroun.
Socialisation : Uniquement avec de petits poissons calmes, par exemple des killies (espèces *Aphyosemion*) ou des épiplatys. Jamais de cichlidés nains !

50 l

Nomorhamphus liemi Demi-bec des Célèbes
Famille : Demi-becs, *Hemirhamphidae* (→ page 18).
Caractéristiques : 9 cm, es mâles plus colorés au menton noir.
Bac/eau : 100 x 40 x 40 cm, type d'eau 3 à 5, 20 à 24 °C.
Élevage : Bac allongé à fort courant avec gravier et abris. Bords plantés dans les zones de faible courant. Un mâle pour plusieurs femelles. Aliments vivants consistants (jeunes grillons, alevins d'autres espèces) complétés par des aliments secs.
Mode de vie : Poisson grégaire qui chasse les insectes dans les torrents de l'île indonésienne Sulawesi.
Socialisation : Poissons de torrents d'autres zones géographiques, par exemple loches ponctuées *(Gastromyzon)* ou plecos-bouledogues *(Chaetostoma)*.

2500 l

Nothobranchius guentheri Nothobranche de Guenther

Famille : Nothobranches, *Aplocheilidae* (→ page 19).

Caractéristiques : 6 cm, les mâles plus grands et plus colorés.

Bac/eau : 60 x 30 x 30 cm, type d'eau 5 à 6, 23 à 24 °C.

Élevage : Bac de 60 cm (environ 3 mâles pour 3 à 6 femelles). Plantation en partie dense, éclairage tamisé, substrat sombre. Aliments vivants (y compris tubifex), congelés et occasionnellement secs.

Mode de vie : Omnivore des mares et ruisseaux de savane, asséchés pendant la saison sèche, sur l'île tanzanienne de Zanzibar.

Socialisation : À élever de préférence seul.

Espèce proche : Nothobranche de Rachow, *Nothobranchius rachovii,* 6 cm.

Osteoglossum bicirrhosum Arowana

Famille : Ostéoglossidés, *Osteoglossidae* (→ page 6).

Caractéristiques : 120 cm, mâchoire inférieure plus allongée chez le mâle.

Bac/eau : 450 x 150 x 70 cm, type d'eau 2 à 5, 26 à 29 °C.

Élevage : Les animaux adultes ne conviennent qu'aux aquariums d'exposition. Plantation en bordure, peu de racines, mais surtout, un espace de nage suffisant pour lui permettre de décrire en permanence des cercles. Il accepte la chair de poisson et les insectes.

Mode de vie : Poisson de surface qui chasse les gros insectes et les autres poissons dans les grands fleuves et lacs d'Amazonie.

Socialisation : Grands poissons calmes d'Amazonie : raies, grands cichlidés, grands silures.

Espèce proche : Arowana de Ferreira, *O. ferrerai,* 100 cm.

Panaque nigrolineatus Panaque royal

Famille : Plecos, *Loricariidae* (→ page 9).

Caractéristiques : 55 cm, les mâles portent de longues épines (odontodes) au niveau de l'opercule branchial pendant le frai.

Bac/eau : 320 x 80 x 70 cm, type d'eau 2 à 5, 25 à 29 °C.

Élevage : Outre un aquarium spacieux, les nombreuses racines ou autres morceaux de bois sont essentiels à ces superbes silures. Ils les rongent et les mangent rapidement et c'est pour eux un besoin absolument vital. Prévoir des cavités, elles aussi spacieuses, et des aliments verts supplémentaires (par exemple des feuilles de chou). Une filtration puissante est nécessaire pour venir à bout de leur importante digestion. Élevage en solitaire dans un bac plus petit.

Mode de vie : Xylophage des fleuves d'Amazonie.

Socialisation : Pacifique, avec de petits poissons aussi.

Pangasius hypopthalmus Silure-requin

Aussi : Panga, *Pangasius sutchi, Pangasius micronemus*
Famille : Silures-requins, *Pangasidae* (→ page 9).
Caractéristiques : 130 cm, seuls les alevins montrent de jolies couleurs.
Bac/eau : Bac périphérique de 6 000 l ou plus, les aquariums plus petits sont pure cruauté. Type d'eau 3 à 5, 23 à 28 °C.

6000 l

Élevage : Poisson grégaire calme et bon nageur dont les besoins ne peuvent être couverts que dans un bac géant. Nourrir de comprimés alimentaires.
Mode de vie : Habitant des grands fleuves asiatiques, notamment du Mékong. Se nourrit essentiellement de poissons, crustacés et produits biologiques en cours de décomposition (détritus). Migre vers ses lieux de frai et de repas.
Socialisation : Grands poissons, par exemple *Barbodes*.

Pangio kuhlii Kuhli

Aussi : Loche-coolie, loche svelte, *Pangio semicincta, Acanthophthalmus kuhlii*
Famille : Loches franches, *Cobitidae* (→ page 17).
Caractéristiques : 8 cm environ, dimorphismes sexuels peu marqués. Attention, il porte une épine érectile sous l'œil !
Bac/eau : 60 x 30 x 30 cm, type d'eau 2 à 5, 24 à 30 °C.

50 l

Élevage : Poisson sociable à élever à plusieurs dans un bac très planté (mousse de Java) et maintenu dans l'obscurité («plafond» de plantes flottantes). Substrat meuble. Petits aliments vivants, congelés et secs.
Mode de vie : Poisson nocturne qui se cache pendant la journée et ne sort en aquarium que pour les repas. Vit dans les ruisseaux à la végétation dense et les eaux calmes de Malaisie.
Socialisation : Par exemple rasboras *(Boraras, Rasbora).*

Pangio myersi Pangio myers

Famille : Loches franches, *Cobitidae* (→ page 17).
Caractéristiques : 10 cm environ, dimorphismes sexuels peu marqués. Attention à l'épine érectile sous l'œil !
Bac/eau : 60 x 30 x 30 cm, type d'eau 2 à 5, 24 à 30 °C.
Élevage : Plusieurs sujets dans un bac à la végétation dense (coussins de mousse de Java) maintenu dans l'obscurité (couvert

50 l

de plantes flottantes). Substrat meuble. Petits aliments vivants, congelés et secs.
Mode de vie : Ruisseaux et eaux calmes de Thaïlande à la riche végétation. Poisson à activité nocturne qui se cache pendant la journée (pas en aquarium).
Socialisation : Barbeaux et labyrinthidés d'Asie.

Pantodon buchholzi Poisson-papillon

Aussi : Pantodon
Famille : Poissons-papillons, *Pantodontidae* (→ page 7).
Caractéristiques : 12 cm, nageoire anale concave chez les mâles.
Bac/eau : 100 x 40 x 40 cm, type d'eau 2 à 5, 27 à 30 °C.
Élevage : Seul ou en groupe avec au moins 10 cm entre la surface de l'eau et le couvercle de l'aquarium. Profondeur minimale 10 cm. Nourrir d'insectes (grillons, mouches, etc.), de petits poissons et de larves de moustiques noires. N'accepte pas les aliments secs, ou seulement avec difficultés. Quelques plantes flottantes.
Mode de vie : Poisson de surface des ruisseaux au cours lent et des marécages des forêts équatoriales d'Afrique occidentale et centrale.
Socialisation : Espèces d'Afrique centrale des niveaux d'aquarium plus profonds, par exemple poissons-chats.

150 l

Paracheirodon axelrodi Cardinalis

Famille : Tétra de la famille des *Characidae* (→ page 16).
Caractéristiques : Jusqu'à 4 cm env., les femelles plus pleines.
Bac/eau : 60 x 30 x 30 cm, type d'eau 1 à 4, 23 à 27 °C.
Élevage : En banc dans un bac sombre éventuellement un peu planté. Éviter les éclairages trop intenses. Tous types de petits aliments.
Mode de vie : Poisson grégaire sociable et commun des eaux claires de la forêt immergée dans le bassin du Rio Negro et de l'Orénoque (Amérique du Sud).
Socialisation : Cichlidés nains *(Apistogramma)*, corydoras et tétras de surface, par exemple hachettes marbrées. Éviter les scalaires qui n'hésitent parfois pas à les dévorer !

50 l

Paracheirodon innesi Néon

Famille : Tétra de la famille des *Characidae* (→ page 16).
Caractéristiques : 4 cm, les femelles plus pleines.
Bac/eau : 60 x 30 x 30 cm, type d'eau 1 à 5, 20 à 24 °C.
Élevage : En banc d'au moins 15 à 20 dans un bac à éclairage tamisé. Pour reproduire leurs conditions de vie naturelles, on peut ajouter quelques feuilles mortes brunes (par exemple de hêtre) au décor de racines et de plantes. Tous types de petits aliments.
Mode de vie : Vit en bancs dans le cours supérieur des petits ruisseaux d'eau claire de la forêt équatoriale péruvienne.
Socialisation : Autres petits poissons d'Amérique du Sud qui préfèrent les températures fraîches.

50 l

Paracheirodon simulans Néon bleu

Aussi : Néon vert, faux cardinalis, faux néon
Famille : Tétra de la famille des *Characidae* (→ page 16).
Caractéristiques : 3,5 cm, les femelles plus pleines. Se distingue du cardinalis aux zones rouges et blanches du ventre moins nettement délimitées.
Bac/eau : 60 x 30 x 30 cm, type d'eau 1 à 3, 25 à 28 °C.
Élevage : Bac sombre avec plantes à forte croissance. Aliments fins vivants, congelés et secs. Élever au moins 15 à 20 poissons ensemble.
Mode de vie : On n'a jusqu'à présent trouvé sa trace que dans les zones relativement chaudes et claires des ruisseaux élargis en étangs du cours supérieur du Rio Negro, au Brésil.
Socialisation : De préférence avec des poissons aussi délicats, par exemple des poissons-crayons nains et de petits corydoras.

50 l

Paracyprichromis nigripinnis «Neon» Blue néon

Aussi : Poisson électrisant
Famille : Cichlidés, *Cichlidae* (→ page 10).
Caractéristiques : 11 cm, les couleurs des mâles plus intenses.
Bac/eau : 100 x 50 x 50 cm, type d'eau 5 à 6, 25 à 27 °C.
Élevage : En groupe dans un bac qui comporte au moins une zone sombre (obtenue p. ex. à l'aide d'une construction rocheuse en surplomb), sans laquelle ils resteraient pâles. Alimentation variée de produits congelés et vivants contenant de petites crevettes.
Mode de vie : Vit et nage librement à proximité des zones rocheuses les plus sombres du lac Tanganyika.
Socialisation : Éviter la cohabitation avec les espèces Cyprichromis, agressives.
Espèce proche : *Paracyprichromis brieni*, 11 cm.

250 l

Paralabidochromis sp. «Rock-kribensis»

Aussi : *Haplochromis sp.* «Rock-kribensis»
Famille : Cichlidés, *Cichlidae* (→ page 10).
Caractéristiques : 12 cm, les mâles sont colorés et plus grands.
Bac/eau : 120 x 50 x 50 cm, type d'eau 4 à 6, 24 à 27 °C.
Élevage : Un ou beaucoup de mâles et plusieurs femelles dans un bac peu structuré (rochers, plantes à grandes feuilles). Nourrir d'aliments contenant des crevettes (p. ex. cyclops) et de larves de moustiques congelées, ou d'aliments secs.
Mode de vie : Habitant de la zone rocheuse du lac Victoria où il extrait notamment des larves d'insectes des fentes de rochers. Incubateur buccal femelle, ne forme pas de couples.
Socialisation : Autres cichlidés du lac Victoria.
Espèce proche : *Pundamilia nyererei*, 12 cm.

300 l

Paratilapia bleekeri Marakely

Famille : Cichlidés, *Cichlidae* (→ page 10).
Caractéristiques : 30 cm, les mâles les plus âgés ont une bosse sur le front.
Bac/eau : 250 x 60 x 60 cm, type d'eau 4 à 6, 23 à 28 °C.
Élevage : Groupe de 8 environ dans un grand bac. Souvent agressif lorsqu'il est seul dans un petit aquarium. Aliments vivants et secs très nutritifs. Disposer des racines comme abris.
Mode de vie : Dans les entrelacs de bois morts des eaux calmes. Se nourrit d'insectes, de poissons et de crevettes. Pondeur sur substrat découvert qui forme des couples.
Socialisation : Grands plecos, autres grands cichlidés et grands tétras de Madagascar.
Espèce proche : Le fony, *Paratilapia polleni,* 30 cm, se distingue du marakely à ses points plus petits.

900 l

Pareutropius buffei Eutropiella à queue d'hirondelle

Aussi : *Eutropiellus buffei*
Famille : Schilbes ou silures de verre, *Schilbeidae* (→ page 9).
Caractéristiques : 8 cm, femelles plus pleines.
Bac/eau : 100 x 40 x 40 cm, type d'eau 2 à 5, 24 à 28 °C.
Élevage : Bac clair à fort courant, végétation clairsemée et abris de racines. Tous types de petits aliments. Ne pas en élever moins de 6.
Mode de vie : Vif poisson qui vit en bancs près des bords à courant rapide des grands fleuves d'eau claire du Nigeria.
Socialisation : Poisson communautaire idéal pour la zone de pleine eau d'un bac africain, par exemple avec de petits poissons-chats *(Synodontis)* et des cichlidés pourpres ou émeraude.
Espèce proche : *Pareutropius debauwi*, 8 cm.

150 l

Parotocinclus maculicauda Otocincle à nageoires rouges

Famille : *Loricariidae* (→ page 9).
Caractéristiques : 5 cm, les mâles ont la pointe des nageoires rouge.
Bac/eau : 60 x 30 x 30 cm, type d'eau 3 à 6, 20 à 25 °C.
Élevage : Espèce sociable à élever en petit groupe (5 ou 6). Aménager le bac avec des plantes à grandes feuilles, des racines et du gravier. Veiller particulièrement à la qualité de l'eau (changements réguliers indispensables). Petits aliments congelés (par exemple artémias ou cyclops), mais aussi aliments verts (par exemple feuilles d'épinards bouillies) ou comprimés d'aliments verts.
Mode de vie : Ruisseaux du Sud-Ouest brésilien.
Socialisation : Tous les petits tétras, cichlidés et silures aux exigences semblables.

50 l

Peckoltia cf. vittata Silure cuirassé nain rayé

Famille : Plecos, *Loricariidae* (→ page 9).
Caractéristiques : 8 cm, les mâles portent une « épine branchiale ».
Bac/eau : 60 x 30 x 30 cm, type d'eau 2 à 5, 25 à 29 °C.
Élevage : En couple dans un bac sombre avec beaucoup de racines et des « tubes » étroits de racines ou d'argile dans lesquels ils entrent tout juste. Aliments verts et secs, crevettes congelées.

50 l

Mode de vie : Dans les enchevêtrements de bois mort du Rio Negro (Brésil, Venezuela), les mâles défendent leur caverne pendant le frai.
Socialisation : Autres plecos et tous les petits poissons aux exigences semblables.
Espèce proche : *Panaquolus cf. maccus*, 8 cm (souvent vendu sous le nom *Peckoltia vittata*).

Pelvicachromis pulcher Pulcher

Aussi : Pelmato cichlidé pourpre, *Pelmatochromis kribensis*
Famille : Cichlidés, *Cichlidae* (→ page 10).
Caractéristiques : 10 cm, nageoire dorsale brillante chez les femelles.
Bac/eau : 80 x 35 x 40 cm, type d'eau 2 à 5, 25 à 28 °C.
Élevage : En couple dans un bac planté avec un peu de courant. Tous types d'aliments courants.

100 l

Mode de vie : Pondeur sur substrat caché qui forme des couples dans les ruisseaux clairs au fond sablonneux de la forêt équatoriale du Nigeria – souvent couverts de nénuphars. Les femelles paradent le ventre brillant.
Socialisation : Idéal pour les aquariums communautaires avec des tétras africains *(Phenacogrammus, Brycinus, Bathyaethiops)* et des procatopys *(Procatopus)*.
Espèce proche : *Pelvicachromis sacrimontis*, 10 cm.

Pelvicachromis taeniatus Cichlidé émeraude

Famille : Cichlidés, *Cichlidae* (→ page 10).
Caractéristiques : 8 cm, femelles aux couleurs plus brillantes.
Bac/eau : 60 x 30 x 30 cm, type d'eau 2 à 4 (selon la forme : les « Moliwe » et « Muyuka » n'apprécient pas l'eau acide, les autres si), 24 à 27 °C.
Élevage : En couple dans un bac planté au courant léger. Tous types d'aliments courants.

50 l

Mode de vie : Ruisseaux clairs de forêt équatoriale au sol sablonneux où poussent généralement des nénuphars. Les femelles ont le ventre brillant pendant la parade. Pondeur sur substrat caché qui forme des couples.
Socialisation : S'entend bien avec les procatopys.
Espèce proche : *Pelvicachromis subocellatus*, 9 cm.

Phenacogrammus interruptus Tétra bleu du Congo

Famille : Tétras africains, *Alestiidae* (→ page 16).

Caractéristiques : 9 cm, les mâles adultes ont des couleurs plus intenses et des nageoires longues et étirées.

Bac/eau : 120 x 50 x 50 cm, type d'eau 2 à 4, 23 à 27 °C.

300 l

Élevage : Au moins 6 poissons dans un bac clair avec un espace de nage libre. Repas consistants d'aliments vivants et congelés (larves de moustiques, insectes) ou d'aliments secs. Aime le courant.

Mode de vie : Poisson très vif qui forme des bancs dans les petits et grands ruisseaux d'eau claire du bassin du Congo. Vit essentiellement de la chasse au vol (insectes).

Socialisation : Cichlidés nains (par exemple espèces *Nanochromis* ou *Teleogramma*) et poissons-chats (par exemple *Synodontis schoutedeni*) du bassin du Congo.

Pimelodus pictus Pimelodus-ange

Famille : Ancistrus, *Pimelodidae* (→ page 9).

Caractéristiques : 12 cm, aucun dimorphisme sexuel connu.

Bac/eau : 160 x 60 x 60 cm, type d'eau 2 à 5, 25 à 28 °C.

Élevage : Grand bac avec beaucoup d'espace de nage libre, peu d'abris et un bon courant pour répondre à son besoin de mouvement. Omnivore.

500 l

Mode de vie : Nageur vif des grands fleuves de l'Amazonie péruvienne, il passe ses journées à chercher de quoi manger.

Socialisation : Tous les poissons pas trop petits que son agitation ne risque pas de déranger, p. ex. des pacus (*Methynnis* ou *Myleus*). Les espèces trop petites risquent d'être considérées comme des proies.

Placidochromis electra Électra

Aussi : *Haplochromis electra*

Famille : Cichlidés, *Cichlidae* (→ page 10).

Caractéristiques : 16 cm, les femelles sont presque incolores par rapport aux mâles.

Bac/eau : 160 x 60 x 60 cm, type d'eau 5 à 6, 25 à 27 °C.

600 l

Élevage : En groupe (un ou un grand nombre de mâles avec plusieurs femelles) dans un bac avec une couche de sable de 5 cm et quelques rochers. Tous types d'aliments courants, surtout les mélanges contenant des crevettes, les larves de moustiques et les artémias congelées.

Mode de vie : Habitant des zones sablonneuses du lac Malawi. Incubateur buccal femelle ne formant pas de couple.

Socialisation : Cichlidés du Malawi, sauf les cichlidés des rochers, par exemple *Copadichromis* ou *Aulonocara*.

Poecilia reticulata Guppy

Aussi : *Lebistes reticulatus*
Famille : Cyprinodonte vivipare, famille des *Poeciliidae* (→ page 19).
Caractéristiques : 6 cm environ, organe copulatif visible chez les mâles.
Bac/eau : 60 x 30 x 30 cm, type d'eau 2 à 5, 24 à 30 °C.

50 l

Élevage : En groupe dans un bac partiellement planté d'une végétation dense. Alimentation variée de tous les types de petits aliments, y compris ceux à teneur végétale.
Mode de vie : Eaux dormantes et légèrement courantes du nord de l'Amérique du Sud. Redevenu sauvage dans le monde entier.
Socialisation : Compagnon idéal pour de petits silures, des tétras et des cichlidés nains. Élever de préférence les variétés d'élevage seules ou uniquement avec des poissons de fond.
Espèces proches : Variétés d'élevage, souvent moins robustes.

Poecila sp. «Endler»

Famille : Cyprinodontes vivipares, *Poeciliidae* (→ page 19).
Caractéristiques : 5 cm, organe copulatif visible chez le mâle.
Bac/eau : 60 x 30 x 30 cm, type d'eau 4 à 6, 26 à 28 °C.

50 l

Élevage : Au moins 3 couples dans un aquarium bien planté, à éclairage clair et suffisamment chaud, couvert en partie de plantes flottantes. Aliments secs et congelés ou nauplies d'artémias vivantes.
Mode de vie : Uniquement attesté jusqu'à présent dans une lagune d'eau douce troublée par des algues vertes, au nord-est du Venezuela. Ne vit pas plus de 2 ans. Il se peut que l'espèce soit éteinte dans la nature.
Socialisation : Petits poissons proches du fond qui tolèrent l'eau dure, par exemple *Corydoras hastatus*.

Poecila sphenops var. Black Molly

Famille : Cyprinodontes vivipares, *Poeciliidae* (→ page 19).
Caractéristiques : 8 à 12 cm, organe copulateur visible chez les mâles.
Bac/eau : 80 x 35 x 40 cm, type d'eau 5 à 6, 26 à 29 °C.

100 l

Élevage : Poisson amateur de chaleur à élever en groupe dans un aquarium à la végétation dense avec un espace de nage suffisant. Alimentation surtout végétale, mais aussi aliments secs. Peut être sujet aux maladies, auquel cas un ajout de sel aide (type d'eau 7).
Mode de vie : La forme d'origine est un poisson grégaire très remuant et turbulent des eaux douces et saumâtres d'Amérique centrale.
Socialisation : Poisson très sociable, à condition de veiller aux paramètres de l'eau (température, type).
Espèce proche : Forme originale de molly, 10 cm environ.

Poecilia velifera Molly-voile

Famille : Cyprinodonte vivipare de la famille des *Poeciliidae* (→ page 19).
Caractéristiques : 15 cm, organe copulatif visible chez les mâles.
Bac/eau : 150 x 50 x 50 cm, type d'eau (6 à) 7, 25 à 28 °C.
Élevage : En groupe uniquement dans un aquarium d'eau saumâtre spacieux et fortement éclairé. Alimentation essentiellement végétale (par exemple aliments secs contenant des plantes, feuilles de salade bouillies), varier avec d'autres types d'aliments, par exemple des cyclops ou artémias congelées.
Mode de vie : Poisson grégaire des eaux côtières du Mexique. Les mâles redressent leur nageoire dorsale pour la parade.
Socialisation : De préférence avec d'autres poissons d'eau saumâtre, par exemple des poissons-archers (Toxotes).
Espèce proche : *P. latipinna*, également appelé molly-voile, 15 cm.

400 l

Poecilocharax weitzmani Tétra-fléchette noir

Aussi : Charax de Weitzman
Famille : Tétra de la famille des *Characidae* (→ page 16).
Caractéristiques : 5 cm, les mâles sont plus colorés et ont de plus grandes nageoires.
Bac/eau : 60 x 30 x 30 cm, type d'eau 1 à 3, 26 à 29 °C.
Élevage : Deux mâles et plusieurs femelles dans un aquarium garni de cachettes tubulaires étroites, p. ex. des briques creuses. Très exigeant pour la qualité de l'eau. Aliments vivants.
Mode de vie : À la différence des tétras «normaux», il vit caché dans de petites grottes, les mâles ont un comportement territorial et prennent même soin de la couvée. Originaire du bassin du fleuve d'eau noire rio Negro.
Socialisation : Ne peut être associé qu'à des poissons de surface calmes, par exemple des hachettes.

50 l

Polypterus delhezi Polyptère du Zaïre

Aussi : Bichir du Zaïre
Famille : Polyptéridés, *Polypteridae* (→ page 6).
Caractéristiques : 35 cm, nageoire anale plus importante chez le mâle.
Bac/eau : 150 x 50 x 50 cm, type d'eau 2 à 6, 26 à 29 °C.
Élevage : Souvent agressif envers ses congénères, à élever de préférence seul dans un aquarium avec un abri (racine, tube de bambou). Repas consistants et nutritifs : poissons, crevettes, granulés.
Mode de vie : Prédateur de fond à activité nocturne des régions fluviales et lacustres marécageuses du bassin du Congo.
Socialisation : Grands poissons du bassin du Congo qu'il ne risque pas de prendre pour proies : citharinidés *(Distichodus)* ou grands poissons-chats (par exemple *Synodontis angelicus* et *S. decorus*).

350 l

Polypterus ornatipinnis Ornate bichir

Famille : Polyptéridés, *Polypteridae* (→ page 6).

Caractéristiques : 60 cm, la nageoire anale des mâles est plus grande. Les jeunes ont des couleurs plus contrastées que les adultes.

Bac/eau : 200 x 60 x 40 cm, type d'eau 2 à 5, 25 à 28 °C.

500 l

Élevage : Souvent agressifs entre eux, mieux vaut les élever seuls dans un aquarium avec un abri (racine, tube de bambou). Nourrir d'aliments consistants, p. ex. chair de poisson, crevettes, granulés.

Mode de vie : Prédateur des grands fleuves du bassin du Congo.

Socialisation : Uniquement avec de grands poissons du bassin du Congo qu'il ne risque pas de considérer comme des proies : citharinidés *(Distichodus)*, grands poissons-chats (par exemple S*ynodontis angelicus* et *S. decorus*).

Polypterus senegalus Polyptère du Sénégal

Famille : Polyptéridés, *Polypteridae* (→ page 6).

Caractéristiques : 30 cm, nageoire anale plus importante chez le mâle.

Bac/eau : 120 x 50 x 50 cm, type d'eau 2 à 6, 25 à 29 °C.

Élevage : En couple ou en groupe dans un bac spacieux avec des cachettes (par exemple racines). Accepte tous les types d'aliments vivants et congelés les plus consistants.

300 l

Mode de vie : Prédateur nocturne qui chasse les crevettes et les petits poissons des marécages, fleuves et lacs d'Afrique occidentale. Jusqu'à 10 cm, les alevins portent, comme tous les polyptéridés, des bouquets plumeux de branchies externes qui les font ressembler à des têtards.

Socialisation : Uniquement avec de grands poissons, par exemple mochocidés, poissons-couteaux et grands tétras.

Potamotrygon henlei Raie de feu

Famille : Pastenagues d'eau douce, *Potamotrygonidae* (→ page 6).

Caractéristiques : Au moins 60 cm de diamètre. L'aiguillon caudal est venimeux et peut causer des blessures !
Nageoires anales différentes selon les sexes.

Bac/eau : 400 x 150 x 60 cm, type d'eau 2 à 5, 27 à 29 °C.

3500 l

Élevage : En couple dans un bac avec une couche de sable d'au moins 6 cm et un filtre puissant. Éviter les pierres à arêtes aiguës ou les barres de chauffage qui pourraient les blesser. Nourrir en abondance de coquillages et de crevettes surgelées.

Mode de vie : Rives sablonneuses du Rio Xingu, au Brésil.

Socialisation : Autres grands poissons d'Amérique du Sud, par exemple oscars, arowanas ou pacus.

Priapella intermedia Priapella aux yeux brillants

Famille : Cyprinodonte vivipare de la famille des *Poeciliidae* (→ page 19).
Caractéristiques : 7 cm, organe copulatif visible chez les mâles.
Bac/eau : 100 x 40 x 40 cm, type d'eau 5 à 6, 25 à 28 °C.
Élevage : Bac à bon courant et espace de nage suffisant, légèrement planté en bordure. Aliments secs, larves de moustiques noires et petits insectes. La qualité de l'eau est très importante ; bien couvrir l'aquarium, car ce sont de grands amateurs de saut.

150 l

Mode de vie : Poisson turbulent qui vit en bancs à proximité de la surface dans les cours d'eau rapides du Mexique où il chasse les insectes.
Socialisation : Compagnon idéal pour de petits cichlidés d'Amérique centrale, p. ex. espèces *Cryptoheros*.
Espèce proche : Poecilia-couteau, *Alfaro cultratus*, 8 cm.

Prionobrama filigera Characin de verre à queue rouge

Famille : Tétra de la famille des *Characidae* (→ page 16).
Caractéristiques : 5 cm, femelles plus pleines et moins colorées.
Bac/eau : 80 x 35 x 40 cm, type d'eau 3 à 6, 23 à 27 °C.
Élevage : Aquarium à éclairage clair, plantes clairsemées en bordure et courant léger. Tous types d'aliments courants. Ne pas acheter moins de 8 poissons.

100 l

Mode de vie : Poisson vif qui forme des bancs, notamment le long des bancs de sable des grands fleuves sud-américains où il est capturé. Se nourrit vraisemblablement d'insectes à la surface de l'eau.
Socialisation : Sans problème avec de petits poissons d'Amérique du Sud qui n'ont pas obligatoirement besoin d'une eau trop douce (type d'eau 1), par exemple *corydoras*, loricarias et beaucoup d'autres tétras.

Pristella maxillaris Chardonneret d'eau

Aussi : Pristella, *Pristella riddlei*
Famille : Tétra de la famille des *Characidae* (→ page 16).
Caractéristiques : 4,5 cm, les femelles plus pleines.
Bac/eau : 60 x 30 x 30 cm, type d'eau 2 à 4, 24 à 27 °C.
Élevage : Poisson qui vit en banc, facile à élever dans un aquarium densément planté d'eau douce à moyennement dure. Tous types d'aliments courants.

50 l

Mode de vie : Eaux marécageuses envahies par les plantes aquatiques de grandes régions d'Amérique du Sud. Se nourrit sans doute de petites crevettes, de larves de moustiques et d'insectes.
Socialisation : Bon compagnon pour les corydoras ou les cichlidés nains dans un plus grand bac.
Espèce proche : Tétra-fantôme jaune, *Hyphessobrycon roseus*, 3 cm.

Procatopus nototaenia Procatopus à dos rouge

Famille : Procatopys, famille des *Poeciliidae* (→ page 19).
Caractéristiques : 5 cm, les mâles sont plus colorés et ont de plus grandes nageoires.
Bac/eau : 100 x 40 x 40 cm, type d'eau 2 à 5, 22 à 25 °C.
Élevage : Bac à bon courant et comportant une partie sombre, avec quelques racines ou pierres. Nourrir de petits insectes, larves de moustiques noires et aliments secs.
Mode de vie : Poisson vif qui aime le courant et vit en bancs dans les cours d'eau claire de la forêt équatoriale (Cameroun), où il chasse en plein courant, notamment des insectes.
Socialisation : Compagnon idéal pour cichlidés nains d'Afrique occidentale et centrale *(Pelvicachromis, Nanochromis)*, épiplatys et barbeaux.
Espèce proche : Panchax-œil de lampe, *Procatopus similis*, 5 cm.

150 l

Pseudacanthicus sp. « L 25 » L 25

Famille : Plecos, *Loricariidae* (→ page 9).
Caractéristiques : 40 cm, les mâles sont plus épineux.
Bac/eau : 250 x 80 x 70 cm, type d'eau 2 à 5, 25 à 28 °C.
Élevage : Grand silure calme qui a besoin de vastes abris de racines et de pierres plates. Nourrir de coquillages, de crevettes et de granulés d'aliments verts. Comme pour tous les plecos, une filtration puissante et l'entretien de l'eau sont extrêmement importants. En cas d'élevage en couple, chaque animal doit disposer de sa propre cachette.
Mode de vie : Uniquement présent dans le fleuve d'eau claire Xingu, au Brésil.
Socialisation : S'entend bien avec les grands cichlidés en raison de sa nature calme, mais défensive.
Espèce proche : *Pseudacanthicus spinosus*, 30 cm.

1400 l

Pseudocrenilabrus nicholsi Couve-gueule

Aussi : *Pseudocrenilabrus ventralis*
Famille : Cichlidés, *Cichlidae* (→ page 10).
Caractéristiques : 8 cm, femelles plus petites et moins colorées.
Bac/eau : 80 x 35 x 40 cm, type d'eau 2 à 5, 24 à 27 °C.
Élevage : Un mâle pour plusieurs femelles dans un bac en partie densément planté. Alimentation variée de petites crevettes (artémias, cyclops) et d'aliments secs.
Mode de vie : Habitant des zones calmes, souvent envahies par la végétation, des berges des fleuves et ruisseaux du Congo supérieur. Incubateur buccal femelle qui ne forme pas de couples.
Socialisation : Tétras africains (par exemple tétras du Congo) et cichlidés nains (par exemple *Nanochromis*).
Espèce proche : *P. philander*, 11 cm.

100 l

Pseudohemiodon laticeps

Famille : Plecos, *Loricariidae* (→ page 9).
Caractéristiques : 30 cm, les mâles portent des «favoris».
Bac/eau : 150 x 60 x 30 cm, type d'eau 3 à 5, 25 à 28 °C.
Élevage : En couple ou un mâle avec plusieurs femelles dans un bac spacieux. Fond de sable pur divisé par un nombre réduit de structures. Alimentation variée de comprimés alimentaires, larves de moustiques rouges, cyclops congelées ou puces d'eau.
Mode de vie : Il dévore les petits animaux des zones sablonneuses du fleuve Paraná, dans le Sud de l'Amérique du Sud, et s'y enfouit souvent.
Socialisation : Uniquement des poissons des niveaux supérieurs de l'aquarium, les poissons de fond (corydoras) le gêneraient.
Espèce proche : *Pseudohemiodon lamina*, 20 cm.

250 l

Pseudomugil furcatus   Arc-en-ciel à queue fourchue

Aussi : *Popondetta furcata, Popondichthys furcatus*
Famille : Blue-eyed, *Pseudomugilidae* (→ page 18).
Caractéristiques : 6 cm, les mâles plus colorés aux plus grandes nageoires.
Bac/eau : 60 x 30 x 30 cm, type d'eau 3 à 5, 24 à 27 °C.
Élevage : Bac à fort courant planté en bordure et au substrat cailllouteux. Touffes isolées de mousse de Java. Élever un petit nombre de mâles avec plusieurs femelles. Petits aliments vivants, congelés et secs.
Mode de vie : Vif poisson grégaire des ruisseaux au cours rapide et au fond rocheux du Nord de la Nouvelle-Guinée.
Socialisation : Petits poissons fluviaux de fond, par exemple
Espèce proche : *Pseudomugil connieae*, 6 cm.

50 l

Pseudomugil gertrudae   Blue-eyed

Famille : Blue-eyed, *Pseudomugilidae* (→ page 18).
Caractéristiques : 4 cm, femelles incolores aux nageoires moins longues.
Bac/eau : 60 x 30 x 30 cm, type d'eau 2 à 5, 25 à 28 °C.
Élevage : Poisson grégaire (2 ou 3 mâles pour 6 femelles ou plus) pour bac densément planté à faible courant et éclairage tamisé. Petits aliments vivants ou congelés (drosophiles, artémias, cyclops).
Mode de vie : Habite les ruisseaux ombragés, les marécages et les étangs couverts de nénuphars des forêts équatoriales d'Australie et de Nouvelle-Guinée.
Socialisation : Choisir uniquement des espèces aussi délicates, par exemple des gouramis grogneurs nains, et ajouter des petits poissons de fond, par exemple des petits *corydoras*.
Espèce proche : Œil bleu de miel, *Pseudomugil mellis*, 3 cm.

50 l

Pseudosphromenus cupanus Macropode noir à queue pointue

Aussi : Paradis à queue pointue
Famille : Labyrinthidé, famille des *Osphronemidae* (→ page 15).
Caractéristiques : 7 cm, nageoires des mâles plus longues et colorées.
Bac/eau : 60 x 30 x 30 cm, type d'eau 2 à 6, 23 à 27 °C.
Élevage : Espèce peu exigeante pour un bac sombre et bien planté ; élever en couple et prévoir une grotte pour chacun.

50 l

Mode de vie : Habitant calme des eaux marécageuses peu profondes du sud de l'Asie, notamment d'Inde, où il se nourrit de larves d'insectes entre les feuilles mortes et les plantes aquatiques.
Socialisation : Rasboras tranquilles des niveaux supérieurs de l'aquarium, par exemple *Rasbora dorsiocellata*.
Espèce proche : Macropode rouge à queue pointue, *Pseudosphromenus dayi*, 8 cm.

Pseudotropheus demasoni Demasoni

Famille : Cichlidés, *Cichlidae* (→ page 10).
Caractéristiques : 8 cm, Les mâles ont des couleurs légèrement plus vives.
Bac/eau : 100 x 50 x 50 cm, type d'eau 5 à 6, 25 à 27 °C.
Élevage : En groupe d'une vingtaine dans un bac aménagé avec des formations rocheuses conçues pour que les poissons puissent

250 l

nager à travers. Le groupe est indispensable pour canaliser l'agressivité. Aliments secs végétaux et petites crevettes.
Mode de vie : Mange les algues et le plancton de la zone rocheuse du lac Malawi. Très agressifs entre eux. Incubateur buccal femelle qui ne forme pas de couples.
Socialisation : Cichlidés de roches du Malawi.
Espèce proche : *Pseudotropheus saulosi*, 9 cm.

Pseudotropheus lombardoi Kenyi

Aussi : *Metriaclima lombardoi, Maylandia lombardoi*
Famille : Cichlidés, *Cichlidae* (→ page 10).
Caractéristiques : 15 cm, les mâles adultes sont jaunes, tandis que les femelles ont un fond bleu.
Bac/eau : 160 x 60 x 60 cm, type d'eau 5 à 6, 25 à 27 °C.
Élevage : Un ou un grand nombre de mâles avec plusieurs

600 l

femelles. Disposer les constructions rocheuses de manière à ce que les poissons puissent les traverser. Aliments secs végétaux et petites crevettes (vivantes ou congelées).
Mode de vie : Alguivore et planctonivore de la zone rocheuse du lac Malawi. Incubateur buccal femelle.
Socialisation : Autres cichlidés du Malawi, par exemple espèces *Pseudotropheus* ou *Maylandia*.

Pseudotropheus socolofi Socolofi

Aussi : *Pseudotropheus sp.* «*pindani*»
Famille : Cichlidés, *Cichlidae* (→ page 10).
Caractéristiques : 12 cm, sexes peu différenciés.
Bac/eau : 150 x 50 x 50 cm, type d'eau 5 à 6, 25 à 27 °C.
Élevage : Un ou un grand nombre de mâles pour plusieurs femelles. Disposer les formations rocheuses de manière à ce que les poissons puissent nager à travers. Aliments secs végétaux et petites crevettes (vivantes ou congelées).
Mode de vie : Alguivore et planctonivore de la zone rocheuse du lac Malawi. Comme presque tous les cichlidés du Malawi, c'est un incubateur buccal femelle qui ne forme pas de couples.
Socialisation : Autres cichlidés du Malawi, par exemple espèces *Pseudotropheus* ou *Maylandia*.

350 l

Pseudotropheus sp. «*acei*» Acei

Famille : Cichlidés, *Cichlidae* (→ page 10).
Caractéristiques : 12 cm, les taches jaunes de la nageoire anale («œufs») sont plus vives chez les mâles.
Bac/eau : 120 x 50 x 50 cm, type d'eau 5 à 6, 25 à 27 °C.
Élevage : Un ou un grand nombre de mâles pour plusieurs femelles dans un aquarium avec des racines bien trempées et des vallisnéries. Aliments secs riches en fibres et petites crevettes.
Mode de vie : Habitant des zones sablonneuses du lac Malawi. Se nourrit essentiellement d'algues qui poussent à la surface du bois, par exemple sur des arbres tombés dans l'eau. Incubateur buccal femelle ne formant pas de couples.
Socialisation : *Ancistrus* et coucous du Tanganyika, mais aussi *Copadichromis borleyi*.

300 l

Pterophyllum altum Altum

Aussi : Scalaire altum
Famille : Cichlidés, *Cichlidae* (→ page 10).
Caractéristiques : Environ 15 cm de long, mais jusqu'à 33 cm de haut. Dimorphismes sexuels très peu marqués.
Bac/eau : 100 x 60 x 80 cm, type d'eau 1 à 2, 27 à 30 °C.
Élevage : En groupe (6 à 8 poissons) dans un bac maintenu dans l'obscurité à la végétation peu dense. Aménager avec des racines qui dépassent de l'eau en guise d'abris. Nourrir de divers aliments congelés et de larves de moustiques.
Mode de vie : Poisson calme des eaux noires d'Amazonie. Pondeur sur substrat découvert qui forme des couples et apprécie les biotopes aux nombreuses racines.
Socialisation : Cichlidés nains, corydoras, *Ancistrus*, grands tétras. Dévore les néons !

500 l

Pterophyllum scalare Scalaire

Famille : Cichlidés, *Cichlidae* (→ page 10).
Caractéristiques : 15 cm environ de long, jusqu'à 26 cm de haut, sexes difficiles à différencier.
Bac/eau : 100 x 50 x 50 cm, type d'eau 2 à 4, 25 à 29 °C.
Élevage : En groupe dans un bac peu planté, aménagé avec des racines qui dépassent de l'eau et des plantes à grandes feuilles. Nourrir de divers aliments congelés, larves de moustiques et aliments secs de qualité supérieure.

250 l

Mode de vie : Poisson grégaire calme des grandes étendues d'eau amazoniennes, le plus souvent claires, où on le voit se tenir «debout» parmi les racines et les plantes. Pondeur sur substrat découvert, forme des couples.
Socialisation : Grands tétras (pas de néons) et silures.

Puntius conchonius Barbu rosé

Famille : Cyprinidés, *Cyprinidae* (→ page 16).
Caractéristiques : 12 cm, les mâles rouges, les femelles couleur laiton.
Bac/eau : 120 x 50 x 50 cm, type d'eau 2 à 6, 16 à 22 °C.
Élevage : Poisson grégaire pour grand aquarium avec un vaste espace de nage. Mange les plantes trop fragiles, le mieux est de lui faire passer l'été dans un étang de jardin et de le repêcher en automne. Nourrir d'aliments contenant des plantes, mais aussi de larves d'insectes.

300 l

Mode de vie : Vif poisson des ruisseaux et lacs du nord de l'Inde et des régions avoisinantes, amateur d'eau fraîche.
Socialisation : Toutes les espèces de fond ou de surface qui tolèrent l'eau fraîche, par exemple loches ponctuées ou macropodes (selon le type de bac).

Puntius fasciatus Barbu de feu

Aussi : Barbu fraise
Famille : Cyprinidés, *Cyprinidae* (→ page 16).
Caractéristiques : 15 cm, femelle moins colorée et plus pleine. Ne montre ses superbes couleurs que s'il est parfaitement soigné.
Bac/eau : 150 x 50 x 50 cm, type d'eau 2 à 5, 22 à 26 °C.
Élevage : Poisson vif et mobile à élever en banc dans un bac avec un grand espace de nage et quelques abris de plantes à grandes feuilles ou de racines à l'arrière-plan. Tous types d'aliments mais forte proportion de verdure, p. ex. courgette ou épinards bouillis.

400 l

Mode de vie : Sans doute originaire de ruisseaux indiens.
Socialisation : Poissons de fond et de surface d'Asie du Sud-Est, par exemple espèces *Devario* ou *Schistura*.
Espèce proche : Barbu à tache noire, *Puntius filamentosus*, 15 cm.

Puntius nigrofasciatus Barbu nigro

Famille : Cyprinidés, *Cyprinidae* (→ page 16).
Caractéristiques : 7 cm, les femelles plus pâles.
Bac/eau : 100 x 40 x 40 cm, type d'eau 2 à 5, 21 à 24 °C.
Élevage : La superbe coloration des mâles n'est mise en valeur que dans un bac maintenu dans l'obscurité et peu planté, par exemple de cryptocorynes. Un substrat en partie sablonneux les stimule et les incite à fouiller à la recherche de nourriture variée, surtout de plantes.
Mode de vie : Habitant vif et sociable des ruisseaux clairs et frais de la forêt équatoriale sri-lankaise. Il se nourrit essentiellement d'algues qu'il trouve dans le sol de graviers ou de sable.
Socialisation : Loches franches *(Schistura)* et *rasboras*.
Espèce proche : Barbeau de Bandula, *Puntius bandula*, 5 cm.

150 l

Puntius oligolepis Barbu quadrillé

Famille : Cyprinidés, *Cyprinidae* (→ page 16).
Caractéristiques : 5 cm environ, le mâle a des couleurs plus intenses et les nageoires dorsale et anale bordées de noir.
Bac/eau : 60 x 30 x 30 cm, type d'eau 2 à 6, 23 à 27 °C.
Élevage : Quelques mâles et plusieurs femelles dans un bac clair à la végétation clairsemée et au substrat meuble semé de quelques cailloux. Tous types de petits aliments.
Mode de vie : Poisson grégaire qui vit près du fond dans les ruisseaux d'eau claire et les mares des régions d'altitude de Sumatra (Indonésie). Les mâles forment des repaires à la saison des amours.
Socialisation : S'entend bien avec les rasboras du genre *Danio* ou les loches franches du genre *Schistura*, mais peut aussi être élevé avec des platys et des porte-épées.

50 l

Puntius pentazona Barbu à cinq bandes

Famille : Cyprinidés, *Cyprinidae* (→ page 16).
Caractéristiques : 5 cm environ, les femelles plus pleines.
Bac/eau : 60 x 30 x 30 cm, type d'eau 1 à 3, 26 à 29 °C.
Élevage : En groupe (au moins 6 poissons) dans un bac qui doit rester sombre, filtré à la tourbe, au substrat meuble sans arêtes vives et aux plantations de cryptocorynes peu denses. Abris de racines. Tous types d'aliments.
Mode de vie : Poisson grégaire proche du fond qu'on trouve dans les eaux noires d'Asie du Sud-Est où il fouille en « grignotant » le substrat meuble à la recherche de nourriture.
Socialisation : Bon compagnon de poissons pas trop vifs aux mêmes exigences en matière d'eau, p. ex. les espèces *Rasbora*, les gouramis et les loches franches (par exemple *Pangio*).

50 l

Puntius semifasciolatus «*schuberti*» Barbu de Schubert

Famille : Cyprinidés, *Cyprinidae* (→ page 16).
Caractéristiques : 7 cm, femelles plus pleines. Variété d'élevage.
Bac/eau : 80 x 35 x 40 cm, type d'eau 2 à 6, 20 à 24 °C.
Élevage : Bac bien éclairé à la végétation clairsemée avec un espace de nage suffisant. Substrat au moins en partie meuble pour y fouiller. Aucune exigence alimentaire particulière.

100 l

Mode de vie : Vif poisson grégaire (ne pas en élever moins de 6) qui vit à proximité du sol mais n'a aucun habitat naturel puisqu'il s'agit d'une variété d'élevage.
Socialisation : Forme une bonne communauté avec d'autres poissons plutôt vifs et amateurs de températures plus fraîches, par exemple des barbus rosés ou goodeas de Eisen.
Espèce proche : Barbu laiton ou barbu vert, *P. semifasciolatus,* 7 cm.

Puntius sp. «*Odessa*» Barbu d'Odessa

Aussi : *P. ticto* (à tort)
Famille : Cyprinidés, *Cyprinidae* (→ page 16).
Caractéristiques : 7 cm, mâles plus colorés, femelles plus pleines.
Bac/eau : 100 x 40 x 40 cm, type d'eau 2 à 6, 22 à 25 °C.
Élevage : Somptueux poisson à élever en banc dans un bac à courant léger, à plantation clairsemée de cryptocorynes et au

150 l

substrat en partie de sable, en partie de gravier. Aliments courants et végétaux.
Mode de vie : Espèce sociable et très vivante qui vient probablement de Myanmar (Birmanie), son origine exacte est encore inconnue mais c'est sans doute un poisson de ruisseau.
Socialisation : Loches franches et danios, par exemple.
Espèce proche : Barbu à deux taches, *P. ticto,* 9 cm.

Puntius tetrazona Barbu de Sumatra

Famille : Cyprinidés, *Cyprinidae* (→ page 16).
Caractéristiques : 7 cm, les mâles ont des couleurs plus intenses.
Bac/eau : 100 x 50 x 50 cm, type d'eau 2 à 6, 23 à 28 °C.
Élevage : Élever au moins 8 à 12 poissons et toujours les nourrir en suffisance – ils importunent souvent les autres habitants de l'aquarium s'ils sont trop peu nombreux, sans doute par «ennui». Tous types d'aliments courants, sans oublier la verdure

250 l

à «grignoter», par exemple de la salade.
Mode de vie : Poisson grégaire extrêmement vivant qui donne sans cesse une impression d'agitation. Vit au fond des eaux lentes et dormantes de Sumatra (Indonésie).
Socialisation : Uniquement avec des espèces robustes et aussi vives que lui, par exemple des loches franches ou des espèces *Danio.*

Puntius titteya

Famille : Cyprinidés, *Cyprinidae* (→ page 16).
Caractéristiques : 5 cm, couleurs du mâle plus intenses.
Bac/eau : 60 x 30 x 30 cm, type d'eau 2 à 4, 23 à 27 °C.
Élevage : Peu de mâles pour plusieurs femelles dans un bac maintenu dans l'obscurité aux plantations de cryptocorynes peu denses. Substrat meuble. Repas variés de petits aliments vivants, congelés et secs.
Mode de vie : Espèce calme des ruisseaux au court lent des forêts vierges sri-lankaises. Il vit à proximité du sol et les mâles arborent des couleurs «ardentes» pour former des repaires à la saison des amours.
Socialisation : Uniquement avec des poissons calmes des zones centrales ou supérieures du bac, par exemple des labyrinthidés des genres *Colisa* ou *Pseudosphromenus*.

50 l

Pygocentrus notatus Piranha rouge

Aussi : *Serrasalmus nattereri*
Famille : Piranhas, famille des *Characidae* (→ page 16).
Caractéristiques : 28 cm, dimorphisme sexuel très peu marqué, mais attention aux dents acérées comme des lames de rasoir !
Bac/eau : 320 x 60 x 60 cm, type d'eau 2 à 5, 25 à 28 °C.
Élevage : Faire grandir un groupe d'alevins dans un grand bac avec des echinodirus, des racines et un sol de fin gravier. Leur offrir des repas consistants à base de chair de poisson. Ne jamais plonger les mains nues dans un bac de piranhas !
Mode de vie : Prédateur rapace qui vit en groupes dans les grands fleuves du Venezuela et chasse les autres poissons, généralement au crépuscule.
Socialisation : Grands plecos.
Espèce proche : *Pygocentrus natteri*, piranha rouge, 35 cm.

1200 l

Rasbora dorsiocellata Rasbora à ocelle

Famille : Cyprinidés, *Cyprinidae* (→ page 16).
Caractéristiques : 6 cm, femelles plus pleines.
Bac/eau : 60 x 30 x 30 cm, type d'eau 2 à 5, 23 à 28 °C.
Élevage : En banc. Idéal pour les bacs plantés en partie d'une végétation dense. Tous types de petits aliments tels que larves d'insectes et aliments secs.
Mode de vie : Asie du Sud-Est (Malaisie et Indonésie).
Socialisation : Autres petits poissons asiatiques d'eau calme, par exemple gouramis nains ou miel, barbus à cinq bandes et petites espèces *Botia*.
Espèce proche : *Rasbora macrophthalma* lui ressemble comme un frère jumeau, mais reste nettement plus petit avec ses 3,5 cm.

50 l

Rasbora pauciperforata Rasbora à raie rouge

Famille : Cyprinidés, *Cyprinidae* (→ page 16).
Caractéristiques : 7 cm environ, femelle plus pleine.
Bac/eau : 80 x 35 x 40 cm, type d'eau 1 à 4, 25 à 28 °C.
Élevage : En petit banc de 6 ou plus dans un bac sans éclairage filtré à la tourbe. Végétation peu dense ou fin réseau de racines. Tous les aliments de petite taille, y compris secs.

100 l

Mode de vie : Vit en banc, le plus souvent à proximité de la surface des eaux noires d'Asie du Sud-Est (Malaisie, Indonésie).
Socialisation : Labyrinthidés aux exigences semblables (par exemple gouramis), loches franches (par exemple espèces *Botia*) et rasboras (par exemple arlequins).

Rhinogobius sp. Gobie de Hong-Kong

Aussi : *Rhinogobius wui*
Famille : Gobies, *Gobiidae* (→ page 11).
Caractéristiques : 5 cm, les mâles sont colorés.
Bac/eau : 60 x 30 x 30 cm, type d'eau 4 à 6, 18 à 24 °C.
Élevage : Trois mâles pour 6 femelles environ dans un bac de 60 l garni de sable, de gravier et de petites grottes, avec si possible du

50 l

courant. Nourrir d'aliments fins vivants et congelés, ne peut que très rarement être habitué aux aliments secs.
Mode de vie : Espèces de ruisseau d'Asie du Sud. Les mâles délimitent des territoires autour de leur cachette.
Socialisation : Rasboras *(Danio* et *Tanichthys).*
Espèces proches : Il existe de nombreuses espèces *Rhinogobius* dont certaines sont régulièrement importées.

Satanoperca cf. leucosticta Poisson diable

Aussi : *Satanoperca jurupari, Geophagus jurupari*
Famille : Cichlidés, *Cichlidae* (→ page 10).
Caractéristiques : 25 cm, sexes peu différenciés.
Bac/eau : 200 x 60 x 60 cm, type d'eau 2 à 5, 26 à 29 °C.
Élevage : En groupe de 6 environ dans un bac au substrat de sable ou de fin gravier avec des abris de racines. Nourrir de divers

700 l

types d'aliments congelés et secs.
Mode de vie : Habitant des zones sablonneuses des grands cours d'eau amazoniens. Filtre les larves d'insectes du sable avec ses branchies. Pondeur sur substrat découvert qui forme des couples ou incubateur buccal – selon les populations ou les espèces.
Socialisation : Grands cichlidés calmes d'Amérique du Sud (par exemple *Heros*), tétras et silures.

Sawbwa resplendens Rasbora-nez rouge

Famille : Cyprinidés, *Cyprinidae* (→ page 16).
Caractéristiques : 4,5 cm, femelle incolore.
Bac/eau : 80 x 35 x 40 cm, type d'eau 5 à 6, 21 à 24 °C.
Élevage : En groupe de 15 environ dans un bac de 80 cm aux plantations clairsemées (vallisnéries, mousse de Java). Nourrir d'artémias et de cyclops (congelées ou vivantes) avec de temps en temps des aliments secs. Uniquement en eau dure et fraîche !
Mode de vie : Vit en bancs dans le lac d'altitude Inle (Birmanie), aux eaux limpides et relativement fraîches. Se nourrit probablement de petites crevettes (par exemple cyclops).
Socialisation : Uniquement des poissons de fond qui apprécient aussi la fraîcheur, par exemple *Corydoras paleatus*.

100 l

Scatophagus argus Argus vert

Aussi : Scatophage
Famille : Argus ou scatophages, *Scatophagidae* (→ page 12).
Caractéristiques : 38 cm, aucun dimorphisme sexuel connu.
Bac/eau : 250 x 80 x 70 cm, type d'eau 7, 26 à 29 °C.
Élevage : Espèce grégaire à ne pas maintenir longtemps dans l'eau douce. Élever en groupe dans un grand aquarium avec des racines de bois de mangrove et un vaste espace de nage libre. Tous types d'aliments, y compris plantes.
Mode de vie : Omnivore d'eau saumâtre qui peuple les mangroves et les cours inférieurs des fleuves de la région indo-pacifique.
Socialisation : Autres poissons de mangrove, p. ex. poissons-archers et poissons-lunes argentés.
Espèce proche : *Scatophagus tetracanthus*, 30 cm.

1400 l

Schistura robertsi

Famille : Loche franche de la famille des *Balitoridae* (→ page 17).
Caractéristiques : 7 cm, sexes difficiles à différencier.
Bac/eau : 80 x 35 x 40 cm, type d'eau 3 à 6, 23 à 26 °C.
Élevage : Comme la plupart des espèces du genre Schistura, il se sent bien dans un bac avec un bon courant, aménagé avec du gravier et des cachettes. Élever seul ou en groupe de 6 ou plus. Aliments vivants, congelés et secs.
Mode de vie : Poisson des ruisseaux de la forêt équatoriale, originaire de l'île thaïlandaise de Phuket et de la région continentale voisine. Se nourrit sans doute essentiellement de larves d'insectes enfouies dans le lit des cours d'eau.
Socialisation : Petits barbeaux, par exemple *Danio*.
Espèce proche : Loche des ruisseaux à tache orange ou saucisse, *Schistura notostigma*, environ 8 cm.

100 l

Sciaenochromis fryeri Cichlidé azur

Aussi : Ahli, *Sciaenochromis ahli*
Famille : Cichlidés, *Cichlidae* (→ page 10).
Caractéristiques : 17 cm, le mâle bleu et la femelle incolore.
Bac/eau : 160 x 50 x 50 cm, type d'eau 5 à 6, 25 à 27 °C.
Élevage : Un mâle et plusieurs femelles dans un bac au sol de sable avec quelques formations rocheuses à traverser. Tous types d'aliments courants.

400 l

Mode de vie : Piscivore de la zone intermédiaire entre les zones rocheuse et sablonneuse du lac Malawi. Incubateur buccal femelle ne formant pas de couple.
Socialisation : Autres cichlidés du Malawi n'habitant pas les roches, par exemple *Copadichromis* ou *Aulonocara*.
Espèce proche : *Otopharynx lithobates*, 15 cm.

Scleropages formosus Scléropage d'Asie

Aussi : Arowana asiatique
Famille : Ostéoglossidés, *Osteoglossidae* (→ page 6).
Caractéristiques : 90 cm, sexes peu différenciés.
Bac/eau : 400 x 150 x 80 cm, type d'eau 2 à 5, 27 à 29 °C.
Élevage : Seul ou en groupe dans de très grands aquariums avec quelques racines en bordure du bac et un vaste espace de nage libre. Repas consistants de crevettes, poissons et insectes (vivants, congelés ou en mélanges alimentaires).

5000 l

Mode de vie : Prédateur qui chasse à la surface des eaux lentes et dormantes d'Asie du Sud-Est.
Socialisation : Uniquement avec de grands poissons calmes, par exemple de grands silures, des perches-tigres ou de grands barbeaux.
Attention : Espèce protégée, acheter uniquement avec un certificat CITES !

Sorubim lima Silure-spatule

Famille : Pimélodidés, *Pimelodidae* (→ page 9).
Caractéristiques : 53 cm, sexes peu différenciés.
Bac/eau : 320 x 60 x 60 cm, type d'eau 2 à 5, 24 à 29 °C.
Élevage : En groupe dans un grand bac avec des abris de racines et des plantes à grandes feuilles. Nourrir de grandes quantités de poissons vivants ou, après l'y avoir habitué progressivement, de poissons morts.

1500 l

Mode de vie : Espèce nocturne des grands fleuves amazoniens qui se repose le plus souvent dans un abri pendant la journée «debout», la tête en bas. Chasse en groupe les poissons et crevettes pendant la nuit. Il mue de temps en temps, mais c'est parfaitement normal.
Socialisation : Uniquement avec des poissons qu'il ne dévorera pas : pacus, grands cichlidés, arowanas.

Sphaerichthys osphromenoides Gourami chocolat

Famille : Gouramis, famille des *Osphronemidae* (→ page 15).

Caractéristiques : 5 cm, bordure claire sur la nageoire anale des mâles.

Bac/eau : 100 x 40 x 40 cm, type d'eau 1, 24 à 27 °C.

Élevage : Élever 6 poissons environ dans les conditions naturelles des eaux noires : eau peu minéralisée et filtration à la tourbe, substrat de tourbe bouillie (à changer régulièrement), filtre à moteur, racines en guise de cachettes et de lieu de repos. Nourrir de petits aliments vivants, y compris des drosophiles.

Mode de vie : Poisson grégaire amateur de courant qui peuple les canaux d'eau noire d'Asie du Sud-Est où il trouve des larves d'insectes. Les mâles sont parfois agressifs entre eux.

Socialisation : Autres poissons d'eau noire de la même région, par exemple barbus à cinq bandes ou rasboras à raie rouge.

150 l

Steatocranus casuarius Tête bossue

Famille : Cichlidés, *Cichlidae* (→ page 10).

Caractéristiques : 14 cm, es mâles grandissent plus, développent une plus grosse bosse sur la tête et ont la gueule plus large.

Bac/eau : 100 x 40 x 40 cm, type d'eau 3 à 6, 24 à 28 °C.

Élevage : En couple dans un bac avec du courant et quelques cavernes qu'ils peuvent agrandir en creusant. Aliments secs et congelés riches en fibres.

Mode de vie : Poisson de fond des rapides qui marquent le cours inférieur du Congo. Se nourrit exclusivement d'algues. Forme des couples. Pondeur sur substrat caché.

Socialisation : Autres poissons congolais de pleine eau, par exemple tétras du Congo, ou autres cichlidés dans des bacs plus grands, p. ex. rhéophiles africains.

150 l

Steatocranus cf. ubanguiensis

Famille : Cichlidés, *Cichlidae* (→ page 10).

Caractéristiques : 7 cm, les mâles grandissent plus, développent une bosse frontale plus importante et ont une plus large gueule.

Bac/eau : 60 x 30 x 30 cm, type d'eau 3 à 6, 24 à 28 °C.

Élevage : En couple dans un bac au bon courant, au substrat de gravier fin et aux cachettes de poteries creuses. Aliments secs riches en fibres et petites crevettes.

Mode de vie : Son origine exacte est inconnue, mais il vient sans doute des rapides du Kasaï, un affluent sud du Congo. Pondeur sur substrat caché qui forme des couples et dont les mâles prennent le plus grand soin de la couvée – une exception.

Socialisation : Tétras africains ou autres cichlidés *(Teleogramma)* dans un bac plus grand.

50 l

Steatocranus tinanti

Aussi : *Leptotilapia tinanti*
Famille : Cichlidés, *Cichlidae* (→ page 10).
Caractéristiques : 12 cm, les mâles grandissent plus, développent une plus grosse bosse frontale et ont une plus large gueule.
Bac/eau : 100 x 40 x 40 cm, type d'eau 3 à 6, 24 à 28 °C.
Élevage : En couple dans un bac traversé par un bon courant, au sol dégagé avec quelques pierres plates sous lesquelles ils peuvent creuser des cavernes incubatrices. Nourrir essentiellement de petites crevettes et d'aliments secs.

150 l

Mode de vie : Préfère les zones dégagées des rapides du bas Congo. Pondeur sur substrat caché qui forme des couples.
Socialisation : S'entend bien avec un couple de tétras bleus du Congo *(Nanochromis parilus)* et d'autres tétras du Congo.

Sturisoma festivum   Silure-esturgeon

Aussi : *Sturisoma aureum, S. panamense*
Famille : Plecos, *Loricariidae* (→ page 9).
Caractéristiques : 25 cm, les mâles portent des «favoris».
Bac/eau : 120 x 50 x 50 cm, type d'eau 2 à 5, 25 à 29 °C.
Élevage : Maintenir le bac dans l'obscurité, en laisser dégagée une moitié couverte de sable et y poser des racines et des branches horizontales. Aliments verts, comprimés alimentaires et petites crevettes congelées.

300 l

Mode de vie : Habitant des entrelacs de bois mort dans les eaux courantes calmes du bassin de l'Amazone.
Socialisation : Bon poisson communautaire pour tenir compagnie à des cichlidés nains et de grands cichlidés calmes d'Amérique du Sud, mais aussi à des tétras.
Espèce proche : *Sturisomatichthys leightoni*, 15 cm environ.

Symphysodon aequifasciatus   Diskus

Aussi : *Symphysodon aequifasciata*
Famille : Cichlidés, *Cichlidae* (→ page 16).
Caractéristiques : 18 cm, dimorphismes sexuels peu marqués.
Bac/eau : 100 x 50 x 50 cm, type d'eau 2, 26 à 30 °C.
Élevage : En groupe (6 à 8 poissons) dans un bac peu planté et maintenu dans l'obscurité, aménagé avec des racines qui dépassent de l'eau et offrent des abris aux poissons. Aliments secs et congelés spéciaux pour discus.

250 l

Mode de vie : Espèce calme qui vit en groupe et se nourrit de larves d'insectes dans les biotopes racineux d'Amazonie.
Socialisation : Tétras et poissons de fond calmes d'Amérique du Sud (par exemple *Ancistrus dolichopterus*).

Synodontis angelicus Synodontis-pintade

Famille : Mochocidés ou poissons-chats nettoyeurs, *Mochokidae* (→ page 9).

Caractéristiques : 30 cm environ, la taille définitive indiquée est parfois de 55 cm. Dimorphisme sexuel quasi invisible.

Bac/eau : 250 x 60 x 60 cm, type d'eau 2 à 5, 24 à 28°C.

Élevage : Seul ou à plusieurs, chaque poisson ayant besoin de sa cachette personnelle. Grand bac avec racines. Peuvent se montrer agressifs les uns envers les autres, notamment s'ils ne sont que deux. Omnivore.

Mode de vie : Espèce nocturne qui reste cachée pendant la journée dans les fentes et les cavités de bois mort, dans le courant des grands fleuves du bassin du Congo.

Socialisation : Convient bien aux aquariums d'exposition avec de grands cichlidés africains (tilapias) ou des tétras (*Distichodus*).

900 l

Synodontis brichardi Synodontis de Brichard

Famille : Mochocidés ou poissons-chats nettoyeurs, *Mochokidae* (→ page 9).

Caractéristiques : 15 cm, sexes peu différenciés.

Bac/eau : 150 x 50 x 50 cm, type d'eau 3 à 4, 24 à 27°C.

Élevage : En groupe (à partir de 5) dans un aquarium spacieux avec du courant et des pierres plates en guise de cachettes. Alimentation variée avec différents types d'aliments à base de plantes, congelés et en flocons. Éviter les larves de moustiques rouges qui causent des problèmes digestifs.

Mode de vie : Habitant des rapides du bas Congo, la forme aplatie de son corps et sa bouche ventouse sont caractéristiques des poissons de rapides spécialisés.

Socialisation : Autres poissons du bas Congo : *Nanochromis parilus, Teleogramma brichardi*, tétras du Congo.

400 l

Synodontis cf. eupterus Synodontis à nageoires ornées

Famille : Mochocidés ou poissons-chats nettoyeurs, *Mochokidae* (→ page 9).

Caractéristiques : 22 cm, sexes difficiles à différencier.

Bac/eau : 200 x 60 x 60 cm, type d'eau 2 à 5, 26 à 29°C.

Élevage : Grand bac avec des racines pour cachettes et un sol en partie sablonneux. Tous types d'aliments, y compris secs à base végétale. Élever seul ou en grands groupes. Prévoir un filtre puissant.

Mode de vie : Espèce calme qu'on trouve essentiellement dans les fleuves aux eaux troubles d'Afrique occidentale. Détermination difficile.

Socialisation : Autres espèces d'Afrique occidentale, par exemple characins africains aux yeux rouges, poissons-éléphants ou tilapias comme *Tilapia joka*.

Espèce proche : *Synodontis nigrita*, 22 cm.

700 l

Synodontis multipunctatus Coucou du Tanganyika

Famille : Mochocidés ou poissons-chats nettoyeurs, *Mochokidae* (→ page 9).

Caractéristiques : 12 cm, peu de dimorphismes sexuels.

Bac/eau : 160 x 60 x 60 cm, type d'eau 5 à 6, 25 à 27 °C.

Élevage : Aquarium spacieux avec formations rocheuses à traverser. Alimentation variée de produits congelés et secs. Ne pas élever moins de 4 ou 5 poissons.

600 l

Mode de vie : Poisson sociable du lac Tanganyika où il se nourrit sans doute de larves d'insectes. Il glisse ses œufs sous ceux de cichlidés incubateurs buccaux pendant la ponte pour les leur faire couver.

Socialisation : Cichlidés incubateurs buccaux du lac Tanganyika, par exemple *Cyathopharynx*, *Tropheus*.

Espèce proche : *Synodontis petricola*, 12 cm.

Synodontis nigriventris Silure du Congo

Aussi : Grogneur africain

Famille : Mochocidés ou poissons-chats nettoyeurs, *Mochokidae* (→ page 9).

Caractéristiques : 8 cm, femelles plus pleines au moment du frai.

Bac/eau : 100 x 40 x 40 cm, type d'eau 2 à 5, 24 à 28 °C.

Élevage : Poisson grégaire pour bac à la végétation dense, structuré par des racines offrant de nombreux abris. Omnivore, il a

150 l

néanmoins une préférence pour les larves de moustiques noires.

Mode de vie : Poisson sociable qui vit près des berges à la riche végétation des grands fleuves et marécages de la forêt équatoriale congolaise. Se nourrit de larves d'insectes.

Socialisation : Idéal pour les bacs du Congo avec des cichlidés nains *(Nanochromis)* et des tétras (par exemple *Phenacogrammus*, *Bathyaethiops*).

Synodontis schoutedeni Synodontis marbré

Famille : Poissons-chats nettoyeurs ou mochocidés, *Mochokidae* (→ page 9).

Caractéristiques : 17 cm, sexes peu différenciés.

Bac/eau : 120 x 50 x 50 cm, type d'eau 2 à 5, 25 à 28 °C.

Élevage : Bac très structuré avec des plantes à grandes feuilles, des racines et un substrat de gravier fin. Nourrir de larves de

300 l

moustiques congelées ou vivantes et de comprimés ou granulés alimentaires. Élever seul ou en groupe d'au moins 5.

Mode de vie : Habite les ruisseaux et portions de fleuves au cours lent et à la végétation parfois riche du bassin du Congo. À la différence d'autres poissons-chats, il est aussi actif le jour.

Socialisation : Poissons du bassin du Congo, par exemple tétras du Congo *(Phenacogrammus, Bathyaethiops)*.

Tanichthys albonubes Cardinal

Aussi : Néon du pauvre
Famille : Cyprinidés, *Cyprinidae* (→ page 16).
Caractéristiques : 4 cm, couleurs du mâle plus intenses.
Bac/eau : 60 x 30 x 30 cm, type d'eau 2 à 6, 18 à 22 °C.
Élevage : En banc (au moins 8 à 10 poissons) sans exigence particulière. Bac pas trop clair, ni trop planté. Perd ses couleurs et sa vitalité dans une eau trop chaude. Aliments courants.
Mode de vie : Poisson grégaire de ruisseaux, originaire des torrents de la région de Hongkong où il chasse sans doute les insectes et leurs larves.
Socialisation : Poissons de fond des ruisseaux d'Asie, par exemple loches de rivière ou loches ponctuées.

50 l

Tateurndina ocellicauda Dormeur à queue ocellée

Aussi : Tateur
Famille : Dormeurs, *Eleotridae* (→ page 11).
Caractéristiques : 5 cm, les femelles plus pleines et aux nageoires plus courtes.
Bac/eau : 60 x 30 x 30 cm, type d'eau 2 à 5, 26 à 29 °C.
Élevage : Un ou deux mâles et plusieurs femelles dans un bac bien planté avec plusieurs grottes. Aliments fins vivants et secs. Pas de courant.
Mode de vie : Originaire des eaux claires légèrement courantes et à la riche végétation de Nouvelle-Guinée.
Socialisation : Petits poissons de Nouvelle-Guinée, p. ex. arc-en-ciel filigrane ou blue-eyed.
Espèces proches : *Hypseleotris cf. compressiceps,* 7 cm ; dormeur à large bande, *Hemieleotris latifasciatus,* 8 cm.

50 l

Teleogramma brichardi Rhéophile africain

Famille : Cichlidés, *Cichlidae* (→ page 10).
Caractéristiques : 12 cm, les femelles portent une large bande blanche dans la moitié supérieure de la nageoire caudale.
Bac/eau : 120 x 40 x 40 cm, type d'eau 3 à 5, 24 à 27 °C.
Élevage : En couple dans un bac avec un bon courant et beaucoup de cachettes aménagées avec des pierres plates couchées sous lesquelles ils peuvent creuser. Les cachettes sont indispensables aux femelles pressées par les mâles pour se retirer sans être dérangées. Ont besoin de socialisation.
Mode de vie : Fentes de rochers dans les rapides du bas Congo. Les femelles paradent avec le ventre rouge sur fond noir. Pondeur sur substrat caché qui forme des couples.
Socialisation : Tétras du Congo et têtes bossues.

200 l

Tetraodon biocellatus Poisson-ballon vert

Aussi : Tétrodon vert
Famille : Tétrodons, *Tetraodontidae* (→ page 20).
Caractéristiques : 6 cm, dimorphismes sexuels peu marqués. Petite espèce qui se distingue des autres tétrodons verts *T. fluviatilis* et *T. nigroviridis*, beaucoup plus grands, aux deux ocelles noirs qu'elle porte à la base de la nageoire dorsale.
Bac/eau : 60 x 30 x 30 cm, type d'eau 4 à 6, 24 à 28 °C.
Élevage : Élever seul dans un petit bac à l'aménagement très structuré. N'accepte que les aliments vivants (y compris les escargots).
Mode de vie : Espèce dulçaquicole d'Asie du Sud-Est.
Socialisation : De préférence sans aucune autre espèce, éventuellement avec des nageurs rapides, par exemple des barbeaux robustes, qui ne seront pas importunés par sa compagnie.

50 l

Tetraodon miurus

Famille : Tétrodons, *Tetraodontidae* (→ page 20).
Caractéristiques : 16 cm, dimorphismes sexuels difficilement reconnaissables.
Bac/eau : 120 x 50 x 50 cm, type d'eau 3 à 6, 24 à 28 °C.
Élevage : Élever seul dans un bac à courant garni d'une couche épaisse de gravier fin. Nourrir de petits poissons vivants, n'accepte qu'avec hésitation les autres aliments vivants.
Mode de vie : Prédateur et chasseur à l'affût qui s'enterre la gueule vers le haut pour guetter les poissons dont il fait ses proies, dans le courant souvent fort du Congo et de ses affluents. On ne voit alors que ses yeux vivants et observateurs.
Socialisation : Uniquement avec de grands poissons des niveaux supérieurs du bac, par exemple citharinidés ou grands cichlidés.

300 l

Thayeria boehlkei Poisson-pingouin

Famille : Tétra de la famille des *Characidae* (→ page 16).
Caractéristiques : Jusqu'à 6 cm env., les femelles plus pleines.
Bac/eau : 80 x 35 x 40 cm, type d'eau 2 à 5, 24 à 28 °C.
Élevage : Pas moins de 6 à 8 poissons dans un bac aux plantes peu denses dont ils peuplent les niveaux moyen à supérieur. Les nourrir de tous types de petits aliments, ils apprécient particulièrement les larves de moustiques et les petits insectes.
Mode de vie : Poisson grégaire d'Amérique du Sud.
Socialisation : Espèce tranquille qui s'entend bien avec des tétras plutôt proches du sol *(Hemigrammus, Hyphessobrycon)*, des cichlidés nains *(Apistogramma, Laetacara)*, des corydoras et des loricarias *(Hemiloricaria)*.
Espèce proche : Tétra-pingouin, *Thayeria obliqua*, 8 cm.

100 l

Thoracharax securis Poisson-hachette platine

Famille : Poissons-hachettes, *Gasteropelecidae* (→ page 16).
Caractéristiques : 9 cm, les femelles sont sans doute plus pleines.
Bac/eau : 120 x 60 x 50 cm, type d'eau 2 à 4, 25 à 30 °C.
Élevage : En banc dans un aquarium spacieux dont le niveau de l'eau est abaissé pour laisser un espace de 10 cm entre la surface et le couvercle du bac. Limiter les plantes flottantes. Nourrir d'insectes (par exemple drosophiles) et de larves de moustiques noires.

350 l

Mode de vie : Poisson de surface insectivore des grands fleuves d'Amazonie auquel sa puissante musculature pectorale permet de «voler» plusieurs mètres au-dessus du niveau de l'eau.
Socialisation : Cichlidés paisibles de taille moyenne (scalaires, discus, uarus).

Thorichthys meeki Cichlidé à gorge rouge

Aussi : *Cichlasoma meeki*
Famille : Cichlidés, *Cichlidae* (→ page 10).
Caractéristiques : 15 cm, les mâles plus grands et aux nageoires plus longues.
Bac/eau : 120 x 60 x 60 cm, type d'eau 3 à 6, 24 à 27 °C.
Élevage : Groupe de 6 au sein duquel des couples provisoires se forment. Garnir le bac de racines et de grandes plantes pour créer des limites de territoires. Nourrir de petites crevettes et aliments secs riches en fibres, jamais de larves de moustiques rouges !

400 l

Mode de vie : Zones peu profondes aux dépôts ligneux ou rocheux des bords de divers fleuves du Mexique et du Guatemala. Incubateur buccal formant des couples.
Socialisation : S'entend bien avec de grands (!) porte-épées.

Tilapia joka

Famille : Cichlidés, *Cichlidae* (→ page 10).
Caractéristiques : 20 cm, les mâles sont plus grands, les nageoires dorsale et caudale s'étirent en longs filaments avec l'âge.
Bac/eau : 150 x 50 x 50 cm, type d'eau 2 à 4, 25 à 27 °C.
Élevage : En couple dans un bac avec beaucoup de bois mort, quelques cachettes de pierres plates assemblées et un courant léger. Éclairage uniquement tamisé. Nourrir d'aliments secs riches en fibres, d'aliments végétaux et de petites crevettes.

400 l

Mode de vie : Parmi le bois mort des berges de petits cours d'eau claire, au Liberia et en Sierra Leone. Pondeur sur substrat caché qui forme des couples et fraye dans des creux.
Socialisation : Grands tétras, par exemple *Brycinus*.

Toxotes microlepis Poisson-archer

Famille : Poissons-archers, *Toxotidae* (→ page 12).
Caractéristiques : 17 cm, peu de dimorphismes sexuels. Se distingue des autres espèces *Toxotes* par de plus petites écailles et une couleur de fond qui tire plus ou moins sur le jaune.
Bac/eau : 200 x 70 x 70 cm, type d'eau 5 à 7, 26 à 29 °C.
Élevage : En groupe dans un grand bac avec des racines et suffisamment d'espace de nage. Abaisser le niveau de l'eau. Repas consistants d'aliments congelés et de gros insectes.
Mode de vie : Habitant des fleuves d'Asie du Sud-Est, et non des eaux saumâtres comme les autres espèces de poissons-archers. «Crache» sur les insectes pour les faire tomber des branches.
Socialisation : Robustes poissons asiatiques.
Espèces proches : *Toxotes jaculatrix, T. chatareus,* 30 cm.

1000 l

Trichogaster leerii Gourami perlé

Famille : Gouramis, famille des *Osphronemidae* (→ page 15).
Caractéristiques : 12 cm, poitrail des mâles rouge orangé.
Bac/eau : 100 x 40 x 40 cm, type d'eau 2 à 4, 25 à 29 °C.
Élevage : Bac maintenu dans l'obscurité, couvert de plantes flottantes et aménagé de manière très structurée à l'aide de racines. Divers aliments vivants, congelés et secs. Filtration à la tourbe indiquée. Pas de courant.
Mode de vie : Poisson grégaire d'eau peu profonde qui peuple les portions chaudes et calmes des fleuves et lacs indonésiens. Courant dans les eaux noires. Les mâles sont agressifs pendant le frai.
Socialisation : Autres poissons d'eaux noires d'Asie du Sud-Est, par exemple barbeaux (barbus à cinq bandes), rasboras (rasboras à raie rouge) et loches franches (par exemple kuhlis).

150 l

Trichogaster microlepis Gourami clair de lune

Famille : Gouramis, famille des *Osphronemidae* (→ page 15).
Caractéristiques : 15 cm, les femelles plus pleines aux nageoires plus courtes.
Bac/eau : 120 x 50 x 50 cm, type d'eau 2 à 6, 24 à 28 °C.
Élevage : Bac sans courant à grande végétation, couvert de plantes flottantes avec quelques racines qui divisent le territoire de nage libre à la surface. En couple ou en groupe dans un plus grand bac. Nourrir d'aliments secs, quelques proies vivantes de temps en temps suffisent.
Mode de vie : Originaire des eaux peu profondes, lentes ou dormantes, de Thaïlande et de Birmanie où il trouve des puces d'eau, des petites crevettes et des larves d'insectes pour se nourrir.
Socialisation : Poissons calmes pas trop territoriaux, par exemple espèces *Rasbora* et loches franches.

300 l

Trichogaster trichopterus
Famille : Gouramis, famille des *Osphronemidae* (→ page 15).
Caractéristiques : 12 cm, les femelles plus petites aux nageoires rondes.
Bac/eau : 100 x 40 x 40 cm, type d'eau 2 à 6, 22 à 27 °C.
Élevage : Aquarium très structuré par des plantes flottantes, des plantations peu denses en bordure et des racines. Aliments en flocons de qualité supérieure (flocons verts), ainsi que divers aliments vivants et congelés. Un seul couple pour un bac de 1 m.
Mode de vie : Vit le plus souvent dans les eaux dormantes et généralement troubles d'Indonésie et de Malaisie, fréquent dans les rizières.
Socialisation : Poissons de fond asiatiques (loches franches, silures), barbeaux et rasboras calmes.
Espèces proches : Plusieurs variétés, toutes de 12 cm environ.

150 l

Trichopsis pumila   Gourami grogneur nain
Aussi : *Trichopsis pumilus*
Famille : Gourami de la famille des *Osphronemidae* (→ page 15).
Caractéristiques : 4 cm, nageoire dorsale des mâles pointue.
Bac/eau : 60 x 30 x 30 cm, type d'eau 2 à 6, 23 à 27 °C.
Élevage : En couple ou en petit groupe dans un bac à la végétation dense, avec des plantes flottantes et des racines formant des abris. Aliments fins, vivants et secs.
Mode de vie : Les mâles forment des repaires et font entendre un « grognement » très perceptible. Habitant des mares envahies par les herbes ou des canaux d'Asie du Sud-Est continentale.
Socialisation : Autres poissons aussi minuscules, par exemple *Boraras urophthalmoides*.
Espèce proche : Gourami grogneur, *T. vittata*, 7 cm.

50 l

Trigonostigma hengeli   Faux arlequin
Aussi : *Rasbora hengeli*
Famille : Cyprinidés, *Cyprinidae* (→ page 16).
Caractéristiques : 3,5 cm, la tache angulaire est plus grande chez le mâle.
Bac/eau : 60 x 30 x 30 cm, type d'eau 1 à 3, 25 à 28 °C.
Élevage : Bac d'eau noire (filtration à la tourbe ou ajout d'extrait de tourbe) maintenu dans l'obscurité et planté de quelques cryptocorynes. Accepte tous les types de petits aliments mais apprécie les larves de moustiques noires. Uniquement en banc d'au moins 8 à 10 poissons.
Mode de vie : Vit en banc dans les marécages d'eau noire indonésiens où il mange sans doute des insectes.
Socialisation : Labyrinthidés, loches franches et rasboras plus minces, par exemple rasboras à raie rouge.

50 l

Trigonostigma heteromorpha Arlequin

Aussi : *Rasbora heteromorpha*
Famille : Cyprinidés, *Cyprinidae* (→ page 16).
Caractéristiques : 4,5 cm env., les femelles plus pleines.
Bac/eau : 60 x 30 x 30 cm, type d'eau 2 à 5, 23 à 28 °C.
Élevage : Bac d'eau noire sombre (filtrage à la tourbe ou ajout d'extrait de tourbe) planté de cryptocorynes peu denses. Accepte tous les types de petits aliments mais apprécie les larves de moustiques noires. Élever uniquement en banc d'au moins 8 à 10 poissons.
Mode de vie : Forme des bancs dans les marécages et ruisseaux d'eau noire de Malaysia où il se nourrit sans doute d'insectes.
Socialisation : Labyrinthidés, loches franches et rasboras plus minces, par exemple rasboras à raie rouge.

50 l

Trinectes maculatus Sole sombre

Aussi : Sole d'eau douce, *Achirus fasciatus*
Famille : Achiridés, *Achiridae* (→ page 20).
Caractéristiques : 20 cm, aucun dimorphisme sexuel connu.
Bac/eau : 120 x 60 x 50 cm, type d'eau 6 à 7, 18 à 24 °C.
Élevage : Bac spacieux au sol de sable pour s'y enfouir. Nourrir de tubifex, larves de moustiques et comprimés alimentaires.
Mode de vie : Espèce marine le plus souvent importée de Floride qui pénètre loin dans l'eau douce.
Socialisation : Poissons paisibles, pas trop petits, des niveaux moyen et supérieur de l'aquarium.
Espèces proches : D'autres soles d'eau douce sans détermination précise sont importées d'Asie et d'Amérique du Sud, certaines sont purement dulçaquicoles et grandissent moins.

350 l

Tropheus duboisi Trophéus à raie blanche

Famille : Cichlidés, *Cichlidae* (→ page 10).
Caractéristiques : 13 cm, sexes peu différenciés.
Bac/eau : 120 x 60 x 60 cm, type d'eau 5 à 6, 25 à 27 °C.
Élevage : Élever un petit nombre de mâles avec beaucoup de femelles dans un bac fortement éclairé. Nourrir exclusivement d'aliments riches en fibres, par exemple des mélanges à base d'algue spiruline et de crevettes. Les larves de moustiques rouges ou les aliments trop protéinés lui sont mortels.
Mode de vie : Peuple les eaux peu profondes de la zone rocheuse très ensoleillée du lac Tanganyika. Mangeur d'algues. Incubateur buccal femelle ne formant pas de couples.
Socialisation : *Tropheus moorii*. Ne jamais l'élever avec des poissons qui exigent une alimentation pauvre en fibres.

550 l

Tropheus moorii Mori

Famille : Cichlidés, Cichlidae *Cichlidae* (→ page 10).
Caractéristiques : 13 cm env., sexes peu différenciés.
Bac/eau : 150 x 60 x 60 cm, type d'eau 5 à 6, 25 à 27 °C.
Élevage : Mâles en petit nombre et beaucoup de femelles dans un bac fortement éclairé. Nourrir exclusivement d'aliments riches en fibres, par exemple des mélanges à base d'algue spiruline et de crevettes, les larves de moustiques rouges et les produits trop protéinés lui sont mortels !

550 l

Mode de vie : Eaux peu profondes de la zone rocheuse du lac Tanganyika. Mangeur d'algues et incubateur buccal ne formant pas de couples.
Socialisation : *Tropheus duboisi*. Ne jamais élever avec des poissons au régime pauvre en fibres.

Uaru amphiacanthoides Uaru

Famille : Cichlidés, *Cichlidae* (→ page 10).
Caractéristiques : 25 cm, sexes peu différenciés.
Bac/eau : 200 x 60 x 60 cm, type d'eau 1 à 3, 26 à 30 °C.
Élevage : En groupe (au moins 6) dans un grand bac maintenu dans l'obscurité et garni de beaucoup de bois mort à ronger. Nourrir abondamment d'aliments verts (courgettes, salade) et d'aliments secs végétaux. Filtration puissante.

700 l

Mode de vie : Cichlidé végétarien des grands cours d'eau très boisés d'Amazonie. Pondeur sur substrat découvert qui forme des couples.
Socialisation : Excellent compagnon pour de grands poissons calmes d'Amérique du Sud, par exemple de grands plecos ou des pacus, ou encore des arowanas dans un grand bac.
Espèce proche : *Uaru fernandezyepezi*, 25 cm.

Vieja synspila Cichlidé à tête rouge

Aussi : Tête de feu, *Cichlasoma quetzal, Cichlasoma synspilum*
Famille : Cichlidés, *Cichlidae* (→ page 10).
Caractéristiques : 35 cm, les mâles grandissent plus, développent de plus belles couleurs et une forte bosse frontale.
Bac/eau : 250 x 70 x 70 cm, type d'eau 5 à 6, 24 à 28 °C.
Élevage : En groupe ou en couple dans un bac peu structuré avec un grand espace au premier plan et des possibilités de retraite (racines, pierres plates) à l'arrière-plan. Divers aliments végétaux.

1200 l

Mode de vie : Poisson essentiellement herbivore des eaux au cours lent, parfois troubles, d'Amérique centrale. Pondeur sur substrat découvert, forme des couples.
Socialisation : Grands cichlidés calmes d'Amérique centrale.

Xenomystus nigri Poisson-couteau africain

Famille : Poissons-couteaux de l'ancien monde, *Notopteridae* (→ page 6).
Caractéristiques : 23 cm, les femelles ont un plus gros ventre.
Bac/eau : 160 x 60 x 60 cm, type d'eau 2 à 5, 26 à 29 °C.
Élevage : Seul ou en groupe (à partir de 5) dans un grand bac sombre aux nombreuses cachettes sous des racines ou dans des tubes de bambou. Poissons nocturnes à nourrir d'aliments vivants et congelés très nutritifs (insectes et leurs larves, crevettes), mais aussi de comprimés alimentaires.
Mode de vie : Chasseur nocturne d'insectes et de crevettes qu'on trouve dans différents habitats d'Afrique occidentale et centrale.
Socialisation : Grands poissons d'Afrique occidentale : polyptéridés, poissons-papillons, tétras. Dévore les petits poissons.

500 l

Xenotilapia papilio Sunflower

Famille : Cichlidés, *Cichlidae* (→ page 10).
Caractéristiques : 9 cm, sexes peu différenciés.
Bac/eau : 100 x 50 x 50 cm, type d'eau 5 à 6, 25 à 27 °C.
Élevage : Groupes d'au moins 6 au sein desquels des couples peuvent se former. Aménager le bac avec un espace de nage sur une surface de sable et quelques roches. Nourrir d'aliments secs, petites crevettes et mélanges de crevettes.
Mode de vie : Mange les sédiments rocheux du lac Tanganyika. Incubateur buccal, forme des couples.
Socialisation : Cichlidés du lac Tanganyika, par exemple *Cyprichromis*, ou *Julidochromis* et petits *Neolamprologus* dans un bac avec des constructions rocheuses à l'arrière-plan.
Espèce proche : *Xenotilapia spilopterus*, 10 cm.

250 l

Xenotoca eiseni Goodea d'Eisen

Famille : Goodéidés, *Goodeidae* (→ page 19).
Caractéristiques : 7 cm environ, les mâles sont beaucoup plus colorés.
Bac/eau : 60 x 30 x 30 cm, type d'eau 4 à 6, 18 à 26 °C.
Élevage : Poisson grégaire pour bac planté, pacifique et peu exigeant s'il est suffisamment nourri d'aliments végétaux (par exemple feuilles de salade bouillies). Lui donner aussi de temps en temps des petites crevettes et des aliments secs.
Mode de vie : Poisson grégaire des ruisseaux et rivières au courant modéré des hauts plateaux mexicains.
Socialisation : Avec d'autres vivipares et de petits cichlidés d'Amérique centrale. Il arrive qu'il importune les poissons à longues nageoires en les leur « grignotant ».

50 l

Xiphophorus helleri Porte-épée

Aussi : Xipho
Famille : Cyprinodonte vivipare, famille des *Poeciliidae* (→ page 19).
Caractéristiques : 12 cm, les mâles portent « l'épée » et un organe copulatif.
Bac/eau : 100 x 40 x 40 cm, type d'eau 4 à 6, 22 à 28 °C.
Élevage : Poisson grégaire (un mâle pour plusieurs femelles, ou un très grand nombre de mâles) ; les mâles se battent s'ils ne sont que deux. Aquarium clair et lumineux avec courant.
Mode de vie : Variété sauvage originaire du Mexique et du Guatemala où elle broute, notamment les algues sur les pierres.
Socialisation : Petits cichlidés d'Amérique centrale (par exemple petites espèces *Thorichthys* ou *Cryptoheros*) pour recréer un environnement proche de la nature, mais aussi silures, tétras, etc.
Espèces proches : Il existe de très nombreuses variétés d'élevage.

150 l

Xiphophorus maculatus var. Platy

Famille : Cyprinodonte vivipare, famille des *Poeciliidae* (→ page 19).
Caractéristiques : 6 cm, organe copulatif visible chez le mâle.
Bac/eau : 60 x 30 x 30 cm, type d'eau 4 à 6, 21 à 25 °C.
Élevage : Vif poisson grégaire pour bac à la végétation clairsemée. Tous types de petits aliments et produits végétaux.
Mode de vie : La forme sauvage vit en groupes dans les eaux courantes des basses terres d'Amérique centrale où elle se nourrit essentiellement d'algues et des animaux qui y vivent.
Socialisation : Poisson communautaire sans grandes exigences qui peut être associé à toutes les espèces pas trop grandes aux besoins semblables en matière d'eau.
Espèces proches : Il existe de très nombreuses variétés d'élevage, parfois plus sensibles.

50 l

Xiphophorus variatus var. Platy

Aussi : Platy varié, platy-perroquet
Famille : Cyprinodonte vivipare, famille des *Poeciliidae* (→ page 19).
Caractéristiques : 7 cm, organe copulatif visible chez le mâle.
Bac/eau : 80 x 35 x 40 cm, type d'eau 4 à 6, 22 à 25 °C.
Élevage : Poisson grégaire pour bac peu planté. Tous types de petits aliments, sans oublier les produits végétaux.
Mode de vie : La forme sauvage vit en groupes dans les zones de courant moyen des basses terres d'Amérique centrale où elle se nourrit essentiellement des dépôts d'algues.
Socialisation : Poisson communautaire sans grandes exigences qui peut être associé à toutes les espèces de taille moyenne aux besoins semblables en termes d'eau.
Espèces proches : Il existe de très nombreuses variétés d'élevage parfois plus sensibles, par exemple le platy-marigold.

100 l

Crevettes et crabes

Depuis quelques années, d'étranges crustacés d'eau douce aux couleurs somptueuses rencontrent un énorme succès auprès des aquariophiles. Beaucoup d'entre eux peuvent aussi être élevés dans un bac communautaire avec des poissons pour lesquels ils sont des compagnons idéaux, à condition de respecter quelques règles :

➤ Une alimentation variée (→ encadré ci-contre).

➤ Un nombre de cachettes suffisant (à part les crevettes naines, chaque animal doit disposer d'au moins un refuge, p. ex. un étroit tube de bambou).

➤ Ne jamais introduire de crustacés dans un bac fraîchement mis en service.

➤ La plupart des espèces sont plus sensibles que les poissons aux pollutions chimiques de l'eau, comme celles dues à des conduites en cuivre ou à des médicaments pour poissons.

➤ Comme pour les poissons, les changements réguliers d'eau sont importants pour la débarrasser des déchets organiques et assurer sa bonne oxygénation.

➤ Les crustacés sont de bons grimpeurs, le couvercle de l'aquarium doit donc être parfaitement étanche et lesté pour les espèces de grande taille.

➤ La carapace des crustacés ne grandit pas avec eux, de sorte qu'ils muent de temps en temps. Laisser la peau abandonnée quelque temps dans l'aquarium (→ encadré ci-dessous).

➤ Selon les espèces, une association est possible ou non (→ encadré page 230).

(→ encadré ci-contre).
(→ encadré ci-dessous).
(→ encadré page 230).

EN SAVOIR PLUS

Comment nourrir les crustacés ?

La nourriture doit être variée et comporter différents types d'aliments vivants et congelés (larves de moustiques, cyclops, nauplies d'artémias), secs et verts. Les crabes de mangrove et les grandes crevettes apprécient le poisson cuit. Les crevettes-bambou aiment pêcher de fines particules d'aliments vivants et secs dans le courant, mais acceptent aussi d'autres repas. Enfin, l'apport régulier de feuilles de hêtre sèches est important pour la mue.

Les crabes à pinces rouges (5 cm) doivent avoir la possibilité de s'aventurer sur la terre ferme.

> **1** Écrevisse rouge de Louisiane

> **2** Macrobrachium
> à pinces rouges

> **3** Écrevisse naine de Louisia

Crevette cuivrée

5 **Crevette-cristal rouge**

Crevette bleue du Gabon

Crevette-abeille **7**

8 *Neocaridina sp.* « Fire »

Quelques espèces très appréciées (photos pages 228/229) doivent être élevées dans les conditions suivantes :

Crabes à pinces rouges : Bac 60 x 30 x 30 cm pour un couple (les femelles ont un plus grand plastron). Type d'eau 6 à 7 (→ page 24), 22 à 25 °C. Ils ont besoin d'une petite zone terrestre, faite p. ex. d'écorce liégeuse. Laisser au moins 10 cm entre la surface de l'eau et le couvercle (→ photo page 226)

Crevettes-bambou : Pour une crevette, bac 60 x 30 x 30 cm, type d'eau 3 à 6 (→ page 24), 23 à 26 °C. Aiment le courant. Espèces très pacifiques (→ page 229 : crevette cuivrée, *Atyopsis mollucensis*, 10 cm ; crevette bleue du Gabon, *Atya gabonensis*, 15 cm).

> Les crevettes d'Amano (4 cm) se régalent des algues filandreuses.

EN SAVOIR PLUS

La socialisation

Malgré les pinces défensives qu'ils possèdent tous, la plupart des crustacés peuvent être associés facilement à des poissons, même minuscules – à l'exception des espèces *Macrobrachium*, qui s'attaquent aux petits poissons et aux autres crustacés, notamment la nuit. Pour une communauté intra-espèces, il est cependant nécessaire de prévoir suffisamment de cachettes pour chaque animal.

Crevettes d'eau douce :
Un bac de 60 x 30 x 30 cm suffit pour un mâle et 2 ou 3 femelles. Type d'eau 3 à 6 (→ page 24), 20 à 27 °C. Espèces prédatrices qui peuvent représenter un danger pour les autres habitants de l'aquarium (→ page 228 : Macrobrachium à pinces rouges, *Macrobrachium assamensis*, 8 cm).

Crevettes naines (espèces *Caridina* ou *Neocaridina*):

Pour un groupe de 5, bac de 30 x 20 x 20 cm ou plus s'il s'agit de petites espèces et de 40 x 25 x 25 cm s'il s'agit de grandes. Type d'eau 3 à 6 (→ page 24), 23 à 26 °C. (→ photos page 229 : crevette-cristal rouge, *Neocaridina sp.* «Crystal Red», 2,5 cm ; *Neocaridina sp.* «Fire», 2,5 cm; crevette-abeille, *Neocaridina sp.* «Abeille», 3 cm).

Écrevisses d'eau douce (espèces *Procambarus* et *Cambarellus*) :
Pour les espèces naines, bac de 30 x 20 x 20 cm pour 5, pour les plus grandes, bac de 100 l pour 1 ou 2. Type d'eau 3 à 6 (→ page 24), 10 à 30 °C. Les plus grandes espèces sont souvent agressives entre elles. Ne jamais les élever dans un étang de jardin, sous peine de les voir redevenir sauvages. (→ photos page 228 : écrevisse rouge de Louisiane, *Procambarus clarkii*, 12 cm ; écrevisse naine de Louisiane, *Cambarellus shufeldtii*), 3 cm).

Grenouille d'aquarium ou grenouille africaine naine, *Hymenochirus cf. boettgeri* (3,5 cm).

1 Mélanoïde

2 Murex

3 Limnée

4 Planorbe

Ampullaire **5**

Escargots

Les escargots peuvent contribuer à plus de diversité dans l'aquarium. Certaines espèces ont désormais une place bien établie en aquariophilie, notamment en raison de leur beauté particulière, comme les ampullaires (espèces *Pomacea, Asolene* et *Marisa*) ou certains mélanoïdes à coquille pointue. Les escargots remplissent aussi des fonctions utiles dans un aquarium. Les mélanoïdes par exemple (espèces *Melanoides*) creusent le substrat et y jouent le même rôle que les vers de terre dans un jardin : ils aèrent le sol et recyclent les déchets organiques pour une meilleure croissance des plantes. D'autres, comme les planorbes *(Planorbis, Planorbarius, Planorbella)*, les limnées (espèces *Lymnaea*) ou les différentes espèces d'ampullaires, broutent sans relâche le sol à la recherche des restes de nourriture et contribuent ainsi à éviter qu'ils ne pourrissent, ce qui améliore la qualité de l'eau. Dans certains cas, les escargots peuvent aussi devenir un véritable fléau s'ils se multiplient trop, en général lorsque les poissons sont trop nourris. On peut alors réduire les populations ou les éliminer pour des raisons esthétiques (→ encadré ci-dessous). Les escargots sont vivipares ou pondent des grappes d'œufs gélatineuses sur les plantes ou les parois de l'aquarium.

EN SAVOIR PLUS

Le fléau escargots
Il arrive que les populations d'escargots explosent litté-ralement. Ils ne sont cepen-dant pas nuisibles – sauf dans les bacs de reproduc-tion ou ceux aux plantes aquatiques particulièrement délicates. Pour les éliminer, se limiter exclusivement aux méthodes naturelles : des pièges achetés en animalerie ou des poissons mangeurs d'escargots, par exemple des loches-clowns si elles s'entendent avec les autres espèces de l'aquarium.

Aquariums biotopes

Les aquariums dits biotopes s'inspirent d'un milieu naturel donné pour leur population et leur aménagement. Le chapitre qui suit présente cinq exemples d'aquariums pour retrouver une certaine nature à la maison.

Cœurs saignants
*(Hyphessobrycon
erythrostigma).*

Bac sud-américain

Biotope : Le bac doit
représenter une portion
calme d'un grand cours d'eau
claire de la forêt équatoriale.
Population : Un groupe de
grands tétras, des cichlidés
nains pour le fond, une bande
de scalaires et un groupe
d'otocinclus pour manger
les algues.
Bac : 120 x 50 x 50 cm
Eau : Type d'eau 3 (→ page 24).
Température : 26 °C.
Éclairage : 2 tubes de lumière
du jour et un tube fluorescent
Grolux.
Courant : Léger (!), obtenu
avec un filtre à moteur.

EN SAVOIR PLUS

**Les feuilles
dans l'aquarium**
Beaucoup de poissons vivent
à proximité de berges boi-
sées. Les feuilles qui tombent dans l'eau nourrissent
les larves d'insectes et les
crevettes, mais tiennent
aussi lieu de cachettes et de
frayères pour les poissons.
En aquarium, les feuilles de
hêtre séchées et mises à
tremper quelques jours ont
désormais fait leurs preuves,
on peut les ramasser directe-
ment auprès de l'arbre en
automne.

Aménagement/plantation :
Substrat de gravier fin avec beaucoup d'engrais, couvert sur un quart de la surface, à l'avant du bac d'une couche de feuilles mortes de hêtre, chêne ou caoutchouc. Le tiers arrière du bac est presque entièrement structuré par des racines assez finement ramifiées (p. ex. de bois de tourbière mis à tremper) placées pour la plupart debout – pour permettre aux scalaires de se retirer parmi les branches. Dans la partie centrale du bac, deux grandes plantes amazoniennes solitaires sont placées à une certaine distance l'une de l'autre

LISTE DE COURSES

- ✔ 4 scalaires (1 mâle et 3 femelles)
- ✔ 2 ou 3 cichlidés nains d'Agassizi
- ✔ 12 cœurs saignants
- ✔ 12 otocinclus
- ✔ 2 echinodorus amazoniens à forte croissance
- ✔ Une cinquantaine d'echinodorus à croissance herbacée
- ✔ Plusieurs grandes racines de bois de tourbière finement ramifiées
- ✔ Feuilles de hêtre, chêne ou caoutchouc

Les tétras-empereurs peuvent constituer une alternative aux cœurs saignants.

Alimentation : Une fois par jour, larves de moustiques noires, blanches ou rouges, congelées ou vivantes, et cyclops. Une fois par jour aussi, aliments secs de qualité supérieure. De temps en temps, une rondelle de courgette lestée pour les otocinclus.

Les cichlidés nains *Apistogramma* peuplent le fond du bac.

Bac rocheux du lac Malawi

Biotope : Le bac doit représenter une zone rocheuse des bords du lac Malawi.

Population : Un mâle et trois femelles de 3 espèces de cichlidés des roches (mbunas) aux couleurs différentes, par exemple *Metriaclima*, *Pseudotrophe-us*, *Melanochromis*, *Labidochromis*. Les plecos mangeurs d'algues (ancistrus) en revanche ne correspondent pas tout à fait au biotope.

LISTE DE COURSES

- ✔ 1 mâle et 3 femelles de, par exemple : zébras rouges, cichlidés cobalt, labidos jaunes
- ✔ 1 couple d'ancistrus
- ✔ 30 vallisnéries spiralées (en option)
- ✔ 1 plaque de polystyrène d'1 cm d'épaisseur pour poser au fond du bac sous les rochers
- ✔ 50 à 100 kg de pierres, p. ex. pierres calcaires à trous ou porphyre (pierres naturelles)

Zone rocheuse du lac Malawi avec des zébras rouges *(Maylandia estherae)*.

Les cichlidés des roches mbuna

Les cichlidés de roches du lac Malawi (mbunas) se nourrissent dans la nature des algues qui prospèrent sur les pierres, dans les eaux peu profondes baignées de soleil, ainsi que des crustacés et du plancton qui y vivent. Les poissons n'affichent leurs somptueuses couleurs que si leur alimentation est équilibrée, c'est-à-dire riche en fibres et en caroténoïdes. Les mélanges aux crevettes qu'on peut acheter tout prêts et congelés en animalerie sont un exemple d'aliment adapté aux cichlidés de roches.

Cichlidé cobalt mâle.
Les femelles sont orange.

Bac : 120 x 50 x 50 cm.
Eau : Type d'eau 5 (→ page 24).
Température : 26°C.
Éclairage : 2 ou 3 tubes de lumière du jour et un tube fluorescent Grolux.
Courant : Moyen, obtenu avec un filtre à moteur ouvert côté écoulement pour imiter la houle naturelle.
Aménagement/plantation : Empiler à l'arrière-plan, sur une plaque de polystyrène d'1 cm d'épaisseur, des pierres à trous ou d'autres roches pour former une construction stable jusque sous la surface de l'eau, y pratiquer de nombreux passages pour que les poissons puissent la traverser. Planter éventuellement quelques vallisnéries (hors biotope) et une racine à ronger pour les ancistrus.

Les labidos jaunes *Labidochromis sp. «yellow»* sont des cichlidés du lac Malawi très appréciés.

Alimentation : Les mbunas adultes ne sont nourris que tous les deux jours d'un mélange aux crevettes, de crevettes cyclops et mysis et de flocons d'algues spiruline.

Les oscars peuvent atteindre une taille de plus de 40 cm.

Bac de gros poissons

Biotope : Le bac doit imiter une portion rocheuse d'un cours d'eau claire d'Amazonie, structurée par des morceaux de bois à la dérive.

Population : Un groupe d'oscars, 1 couple de grands cichlidés sud-américains, 3 *Pseudacanthicus spinosus* et 1 troupe de grands tétras hauts.

Bac : 320 x 80 x 70 cm

Eau : Type d'eau 2 (→ page 24).

Température : 28 °C.

Éclairage : 4 projecteurs HQI de 70 W.

Courant : Une pompe centrifuge au premier plan produit un courant partiellement fort.

EN SAVOIR PLUS

Les aquariums tout en verre

Il est aujourd'hui techniquement possible de coller des aquariums tout en verre de plusieurs milliers de litres. Ils peuvent être installés dans tous les appartements, après avoir testé la capacité de charge du sol, car leur poids peut atteindre 3 tonnes avec les aménagements. La filtration de tels aquariums est le mieux assurée avec des installations pour étangs.

Aménagement/plantation : Tous les cichlidés de cette suggestion de population peuvent dépasser largement 30 cm. Ils ont donc besoin d'installations parfaitement stables qu'ils ne risquent pas de détruire en creusant par-dessous : recouvrir le sol d'une épaisse couche de graviers fins et placer à l'arrière-plan des grandes racines allongées et empilées dans le sens de la longueur. Les cichlidés et les silures ont également besoin d'abris solides faits de grandes pierres plates. Pas de plantes.

LISTE DE COURSES

- ✔ 1 couple de *Crenicichla sp. «Xingu I»* (à faire éventuellement grandir à partir d'un groupe de 6 alevins)
- ✔ 8 oscars
- ✔ 3 *Pseudacanthicus spinosus*
- ✔ 12 myleus à crochet rouge
- ✔ Une couche épaisse de fin gravier pour le sol
- ✔ Grandes racines allongées
- ✔ Grandes pierres plates
- ✔ Aucune plante !

Crenicichla sp. «Xingu I» femelle. Les couples de cette espèce restent longtemps ensemble.

Alimentation : Nourrir les cichlidés d'aliments congelés laissés décongeler pendant 1 à 2 jours : éperlans, gros insectes et crevettes (au rayon surgelés du supermarché). Les tétras, silures et oscars ont besoin en sus de grandes quantités de verdure, p. ex. des morceaux de courgettes, des feuilles de salade, etc. Renoncer aux granulés alimentaires ou aux mélanges à base de viande d'animaux à sang chaud, ils causent des problèmes digestifs aux poissons.

Un superbe *Pseudacanthicus spinosus*.

Bac de petits poissons

Biotope : Le bac doit représenter une portion calme baignée de soleil d'un ruisseau herbeux d'Asie du Sud-Est.

Population : Un banc de rasboras nains du genre *Boraras*, un groupe d'une petite espèce de perches bleues, un couple de petits gouramis, 10 crevettes naines

Bac : 80 x 35 x 40 cm.

Eau : Type d'eau 2, filtration à la tourbe (→ page 24).

Température : 26 °C.

Éclairage : 1 tube de lumière du jour et 1 tube fluorescent Grolux.

Courant : Aucun.

LISTE DE COURSES

- ✔ 25 *Rasbora brigittae*
- ✔ 2 mâles et 5 femelles de *Badis cf. dario*
- ✔ 1 couple de gouramis miel
- ✔ 10 crevettes-abeilles
- ✔ 1 part de riccia et 2 parts de mousse de Java à attacher
- ✔ 3 bouquets d'hygrophile, 3 bouquets de callitriche, 3 bouquets de salicaire rouge, 10 cryptocorynes de Beckett, 1 barclaya
- ✔ 2 racines (30 cm de long)

Les *Rasbora brigittae* doivent vivre en bancs pour être mis en valeur.

EN SAVOIR PLUS

L'élevage d'aliments vivants

Beaucoup de poissons ne mangent que des aliments vivants. Pour un petit nombre de petits poissons, il est moins difficile de s'en procurer qu'on ne le pense souvent car on peut les élever soi-même sans grandes difficultés. Les premiers œufs de durée pour démarrer un élevage (très facile !) de nauplies d'artémias, de vers de Grindal ou de puces d'eau japonaises peuvent être achetés dans les animaleries spécialisées avec des instructions précises.

Badis cf. dario n'accepte que les aliments vivants.

Aménagement/plantation : Poser deux petites racines couvertes de mousse de Java de manière à diviser la surface du sol en trois parties et les allonger vers le fond du bac. L'arrière est densément planté de différentes caulinaires. Le riccia flottant ombrage en partie l'aquarium et constitue un substrat pour les gouramis qui y construisent leurs nids. Les côtés et le centre sont plantés d'une cryptocoryne qui ne grandira pas. Placer une barclaya solitaire au milieu du bac.

Alimentation : Deux fois par jour, nauplies d'artémias vivantes, cyclops, puces d'eau, petites larves de moustiques (toutes vivantes), petits flocons.

Les gouramis miel construisent des nids de bulles à la surface de l'eau.

Couple de *Steatocranus tinanti*, le mâle est en haut.

Bac de rapides

Biotope : Le bac imite un étroit canal rocheux des rapides du Congo inférieur.
Population : Des cichlidés rhéophiles délimitent des territoires avec des cichlidés du Congo au fond du bac, tandis qu'un groupe de tétras du Congo occupe la colonne d'eau pleine. Poissons-chats minces (éventuellement comme mangeur d'algues : *Ancistrus*).
Bac : 150 x 50 x 50 cm
Eau : Type d'eau 3 (→ page 24).
Température : 25 °C.
Éclairage : 2 tubes de lumière du jour et un Grolux.

EN SAVOIR PLUS

Les rapides
Avant d'atteindre une région rocheuse, le fleuve Congo s'accumule pour former un « lac », le Malebo Pool, à l'extrémité étroite duquel l'eau se fraie un chemin vers l'Atlantique à travers des rapides rocheux. Ils accueillent de nombreux poissons qu'on ne trouve nulle part ailleurs car ils se sont adaptés au milieu extrême « rapides du Congo ».

Courant : Il est créé surtout dans le tiers avant du bac par une puissante pompe centrifuge dont l'ouverture côté écoulement est placée d'un côté, tandis que celle côté aspiration est maintenue de l'autre côté de l'aquarium au moyen d'un tube en PVC.

Aménagement/plantation : Empiler sur une plaque de polystyrène de 1 cm d'épaisseur, dans les deux tiers arrière du bac, des pierres plates jusqu'à environ un tiers de la hauteur, de manière à créer un grand nombre de refuges de différentes tailles. Poser

Plusieurs tétras du Congo peuvent convenir à un bac de rapides.

par-dessus 2 longues racines couvertes de fougère du Congo et qui atteignent en partie la surface.

Alimentation : Une fois par jour, des aliments secs (comprimés, flocons) contenant de l'algue spiruline, ainsi que de fins aliments vivants ou congelés (artémias, cyclops, larves de moustiques noires ou blanches). Donner les crevettes individuellement aux poissons.

Synodontis de Brichard (*Synodontis brichardi*).

Index des noms scientifiques

Les références de pages **en gras** renvoient aux photographies.

Index des noms français

Les références de pages **en gras** renvoient aux photographies.

Crédits photographiques
Abel : 201 c ; **Anders :** 231 ; **(Zurlo)** 105 c ; **Bork :** 3 h, 20 h, 31 c, 35 c, b, 43 h, 83 h, 93 h, 107 c, 129 b, 137 c, b, 139 c, 145 c, 161 c, 163 h, 171 b, 181 h, 197 c, b, 215 b, 225 c, 229 bg, 237 b ; **Büscher :** 71 b, 89 h, 179 h, b, 207 c, 217 h ; **Eigelshofen :** 73 h, 157 c, 169 h ; **Evers :** 69 h, 127 c, 129 c, 133 b, 149 c, 175 h, c, 183 c ; **Hartl :** 45 h, 47 b, 53 h, c, 55 h, 87 b, 115 h, 129 h, 135 h, 147 h, 153 b, 155 h, 163 b, 173 b, 181 c, 189 c, 191 h, 195 h, 215 h, 217 b, 232 hd, 243 h, 245 h ; **Hecker :** 12 h, 39 b, 187 b, 203 h, 234, **(Sauer)** 45 c ; **Hellner :** 41 c, 107 b ; **Hippocampus Bildarchiv :** 49 c, 145 h, 209 c, **(Bork)** 133 c, 169 b ; **Kahl :** 2 bg, bd, 3 b, 5, 7, 8, 9, 11, 12 b, 13, 14, 15, 16, 17, 18, 21, 22, 25, 27 h, b, 29 c, 31 h, 33 c, 35 h, 37 c, 39 c, 41 h, 43 b, 45 b, 49 b, 51 h, 53 b, 55 b, 57 b, 63 b, 65 c, 67 h, c, 69 b, 71 c, 73 b, 79 h, 81 b, 83 b, 85 c, b, 87 h, c, 89 c, 91 c, b, 93 c, 95 h, b, 97 h, c, 99 c, b, 107 h, 109 h, 111 c, b, 113 b, 115 c, 117 h, 119 h, b, 121 h, 123 h, b, 125 h, 131 h, c, 133 h, 141 h, 143 h, 145 b, 149 h, 151 h, 155 c, 161 b, 163 c, 165 c, 167 h, 169 c, 171 h, 177 h, b, 179 c, 183 b, 185, 187 c, 189 h, 191 c, 193 h, 195 c, b, 197 h, 199, 203 c, 207 b, 209 b, 213 b 215 c, 217 c, 219 b, 221 h, c, 223 c, b, 236, 237 h, 242, 243 b, 245 b ; **Kilian :** 161 h ; **Linke :** 2 h, 4, 29 h, 37 h, 39 h, 69 c, 75 b, 177 c, 191 b ; **Lucas :** 75 c, 79 c, 81 h, 219 c, 230 ; **Minde :** 99 h ; **Nieuwenhuizen :** 47 h, 101 c, 109 c, 121 b, 127 h, 135 c, 139 b, 143 c, 147 c, 155 b, 159 b, 171 c, 175 b, 205 h, 211 c, 225 b, 232 bg ; **Peither :** 20 b, 37 b, 83 c, 89 b, 105 b, 109 b, 113 h, 117 c, 127 b, 141 c, 159 h, 183 h, 193 h, c ; **Reinhard :** 59 h, 232 c, bd ; **Schliewen :** 221 b ; **Schmida :** 55 c, 77 c, 149 b, 225 h ; **Schraml :** 43 c, 59 c, 61 c, b, 85 h, 103 c, 111 h, 147 b, 157 h, b, 167 c, b, 201 b, 205 b ; **Spreinat :** 51 b, 57 h, 59 b, 101 h, 115 h, 119 c, 137 h, 151 c, b, 153 h, c, 165 b, 211 b, 238, 239 ; **Staeck :** 29 b, 31 b, 33 h, 61 h, 63 h, 77 h, 81 c, 93 b, 105 h, 123 c, 131 b, 143 h, 209 h, **Weidner :** 65 b ; **Werner :** 10, 19, 23, 27 c, 33 b, 41 b, 47 c, 49 h, 51 c, 57 c, 63 c, 73 c, 75 h, 79 b, 95 c, 97 b, 101 b, 103 b, 113 c, 117 b, 121 c, 125 c, 139 c, 141 b, 159 c, 165 h, 173 h, c, 181 b, 201 h, 205 c, 213 h, c, 219 h, 223 h, 226, 228, 229 hg, hd, c, bd, 232 hg, 235, 240, 241, 244 ; **Wildekamp :** 103 h ; **Zurlo :** 6, 65 h, 67 b, 71 h, 77 b, 91 h, 125 b, 135 b, 187 b, 203 b, 207 h, 211 h

---

© 2003 Gräfe und Unzer Verlag GmbH, Munich
© 2008 Marabout, pour l'édition française

Pour l'éditeur, le principe est d'utiliser des papiers composés de fibres naturelles, renouvelables, recyclables et fabriquées à partir de bois issus de forêts qui adoptent un système d'aménagement durable.
En outre, l'éditeur attend de ses fournisseurs de papier qu'ils s'inscrivent dans une démarche de certification environnementale reconnue.

Traduction : Claire Debard
Réalisation : Philippe Brunet / PHB

ISBN : 978-2-501-05708-0
NUART : 4045431/01
Dépôt légal : août 2008

Imprimé en Espagne par Gráficas Estella, S.A.